U0600030

武术教育的当代价值及
多元发展探索

石萌 著

全国百佳图书出版单位 吉林出版集团股份有限公司

图书在版编目（CIP）数据

武术教育的当代价值及多元发展探索 / 石萌著. --
长春：吉林出版集团股份有限公司，2022.8（2023.9 重印）
ISBN 978-7-5731-2077-9

Ⅰ.①武…　Ⅱ.①石…　Ⅲ.①武术-体育教育-研究
-中国　Ⅳ.①G852-4

中国版本图书馆 CIP 数据核字（2022）第 157478 号

WUSHU JIAOYU DE DANGDAI JIAZHI JI DUO YUAN FAZHAN TANSUO
武术教育的当代价值及多元发展探索

著：石　萌
责任编辑：朱　玲
封面设计：雅硕图文
开　　本：720mm×1000mm　1/16
字　　数：170 千字
印　　张：9.5
版　　次：2022 年 8 月第 1 版
印　　次：2023 年 9 月第 2 次印刷

出　　版：吉林出版集团股份有限公司
发　　行：吉林出版集团外语教育有限公司
地　　址：长春市福祉大路 5788 号龙腾国际大厦 B 座 7 层
电　　话：总编办：0431-81629929
印　　刷：涿州汇美亿浓印刷有限公司

ISBN 978-7-5731-2077-9　　定　价：57.00 元

前　言

　　中华民族历经千年发展形成了极其广博而又精深的文化，武术就是其中之一。武术最早诞生于原始先民的生产劳动，尤其是他们在生产过程中同自然界禽兽作斗争的经验，使得武术初具雏形。随着社会的演变及国家的出现，武术逐渐从谋生手段发展成军事作战手段，从属于军队训练。现代社会的武术则从军队训练中脱离出来，成为一种独具特色的运动项目，发挥着强身健体、自御防卫、表演娱乐等多重作用。

　　教育是武术传承与发展的重要途径，系统科学的武术教育工作不仅能够促进武术文化在全国乃至全世界的传播，而且能够将武术的内在价值充分激发出来。具体而言，武术教育为学生了解传统哲学、传统兵家思想、传统中医等优秀传统文化提供了窗口，同时有利于学生爱国主义精神的塑造、自强不息精神的培育以及兼容并包精神的形成。除此之外，武术教育还切实促进了学生智力、身体素质、道德素质的发展，并且通过构建人自身的和谐、人际间的和谐、人与自然的和谐促成整个社会的和谐。

　　学校作为武术教育的主阵地，必须重视武术课程的设置，从而为武术教育当代价值的实现创造良好条件。综观当前的武术教育，虽然取得了一定成果，但也由于竞技体育统一化教学模式的负面影响，产生了诸多现实问题，阻碍了武术教育价值的全面发挥。在这种情况下，应当着力转变传统的武术教育观念，借助现代教育技术丰富武术教育模式，同时依据武术自身的特点探寻针对性的教育方法。总之，武术教育困境的突破离不开武术教育改革的创新，创新才能为武术教育的发展注入活力因子。

　　近年来，武术的推广力度不断增强，武术教育也逐渐朝着体系化、成熟化的方向发展，人们对武术的了解与认知可谓愈发全面。为了进一步拓展武术的生存空间，发挥武术的积极作用，不少学者依托自身的实践经验对武术教育展开研究，并产生了相关研究著作，其中就包括《武术教育的当代价值及多元发展探索》。本书首先介绍了武术的概念、内容与分类，分析了武术的发展与教育的密切关系，阐释了武术教育的人文与科学原理；其次，以武术教育价值的基本特征为切入点，对武术教育在传统文化传承、民族精神培养、和谐社会构建以及个体发展方面的价值进行了详细解读，同时探讨了其价值实现的具体路径，包括激发学习者个人习武动机、推动武术教师的专业化发展等；再次，关注武术教育的专业化与信息化发展，一方面分析了基本素质训练、基本功教学、专门套路教学，另一方面研究了基于翻转课堂、慕课及微信平台的武术教育实践；最后，对新时期武术教学改革加以探索，不仅阐释了传统武术教化范式对学校武术教育的启示，分析了我国武术教学改革的不同推进逻辑，而且提出了"多功能一体化"这一武术教学的创新路径。

本书结构合理，内容得当，为读者了解武术教育的当代价值及其发展情况提供了资料借鉴。另外，本书在撰写过程中得到了众多学者的支持和鼓励，同时参考和借鉴了有关专家、教研人员的研究成果，在此对其表示诚挚的感谢！由于作者水平有限，对武术教育的相关研究难免存在不足和疏漏之处，诚望广大读者批评指正。

目　录

第一章　武术教育概述

武术凭借其博大精深的内涵、突出的养生功能和保健功能深受广大群众的喜爱。在新时代背景下，根据社会对人才的需求，结合武术自身的特征，充分发挥武术教育的作用具有重要意义。本章主要对武术的基本内容加以介绍，对武术的发展与教育的密切关系加以分析，同时剖析武术教育的人文与科学原理。

第一节　武术的概念、内容与分类

一、武术的概念

一直以来，人们习惯将功夫、武艺等称为武术，可见，在大部分人眼中，武术的实质就是带有防卫意识的技击，显然，这是广泛意义上的武术，具有浓厚的中华民族韵味。从狭义层面上来看，武术可以简单概括为武术运动，作为民族传统体育项目，武术运动就是以传统武艺为基础的技击运动，套路和对抗是其具体表现形式。

无论是从广义上来看，还是从狭义上来看，武术都与技击技术密切相关，对抗、套路是其基本形式。作为我国传统意义上的体育项目，武术不仅有强身健体的功效，而且有助于学习者养浩然之气，可见，内外兼修、形神兼备是武术的主要特点。

作为中华民族的灿烂文化遗产，武术是传统意义上的技击术。常见的技击动作，比如，打、踢、摔、击、拿、刺等都在武术中有所运用。为了体现攻防格斗能力，部分器械成为武术练习的辅助工具。对抗与套路作为武术的主要形式，核心技术都是技击。虽然中华武术举世闻名，但作为武术的主要内容，技击术并非我国所特有的，世界上的很多国家和地区都有独具特色的技击术。但是相比较而言，我国武术中所涵盖的技击术不仅具有极其丰富的技法，而且运动形式不一，集套路与散手，结合与分离为一体。正是这种内外兼修、神形兼备的风格，造就了与众不同的技击术，并使中华武术始终立于不败之地，享有世界盛名。

另外，作为体育运动项目，武术不同于实用技击技术。虽然技击技法是套路运动主要内容，但套路运动的主要目的是强身健体，在技巧和功力方面进行较量，提高自身攻击和防御能力，而不是伤害他人。而作为武术的另一主要形式，散手运动从表面上来看，与实用技击相似，两者的技法十分接近，但作为体育竞技运动，散手运动受竞赛规则的约束，始终与实用技击有所区别。

言而总之，体育属性是武术的本质。在长期发展中，武术与多种文化思想交融，并在相互碰撞中形成了各种思想观念，最终发展成为具有强烈中华民族特色的武术文化。从整体上来看，武术文化具有丰富的内涵，深邃的寓意，不仅能够增强人们体魄，同时又具有浓烈的东方特色，集科学性、哲理性、艺术性于一体，是我国人民在长期发展中所塑造的体育运动，体现了我国人民的智慧。一直以来，代表着东方民族文化的武术既是体育运动项目之一，同时也是我国灿烂的民族文化遗产。

二、武术的内容与分类

作为拥有着五十六个民族的国家，我国不仅拥有着上下五千年文明史，同时也具有辽阔的疆域。这为我国武术运动的丰富与发展提供了契机。从不同方面入手，武术可以被划分为不同的类型，但无一例外，无论采用何种方法对武术进行分类，都能够对武术技术加以区分。

（一）按照运动功能分类

作为体育运动形式之一，武术凭借着自身丰富多样的功能在很多领域都占据重要地位。正因为如此，人们通常选择根据武术运动的功能来进行分类。

1. 竞技武术

在我国，竞技武术自诞生以来，便不断丰富、发展，并于 20 世纪 50 年代形成了较为全面的规则，目前，它已经形成了一个完整的体系，并成为武术爱好者日常健身的重要选择，尤其是在武术赛事中，广泛受到竞技武术者的喜爱。

一直以来，竞技武术并非全民运动，人们普遍将竞技武术看作是专业运动员的活动，这主要是因为危险性、专业性是其代表性特征。普通人在进行竞技武术时很可能受到伤害。简单来说，竞技武术需要专业运动员在比赛时充分发挥自身潜能，可见，这是一类竞赛式活动，专业化、高水平、竞技性、超负荷、职业化是其基本特征。

竞技武术发展至今，已经在世界上占有一定地位，各类竞技武术比赛更是层出不穷，其中最为著名的当属洲际性武术比赛、世界武术锦标赛等。中华武术竞赛的主要内容是套路和散打。

（1）套路竞赛主要包括太极拳等几类拳术以及刀术、剑术、棍术等几类器械武术，除此之外还有对练项目与集体项目等内容。中国选手始终是这类项目的夺金热门人选，这与中华武术发源于我国并有着良好的群众基础有着不可分割的关系。然而随着中华武术在世界的传播越来越广泛，近年来也有一些国外选手在中华武术套路的比赛中对我国选手构成了一定的威胁。

（2）散打比赛是国际上较为流行的实战技击性运动。在正式的散打比赛中，运动员会根据体重的不同分为 11 个级别，同级别的运动员进行比赛。

2. 健身武术

健身武术所包含的内容较为丰富，形式也更加多样。具体看来主要包括以下几方面。

（1）在全民健身的倡导下建立的武术"段位制"和"健身养生"等的锻炼方法，如简化了的二十四式太极拳和五禽戏、易筋经等保健养生气功。

（2）民间武术套路及功法。

（3）多种多样的便于人们健身选择的拳种套路以及器械套路武术。

通过上述内容可知，健身武术的内容比较丰富，形式也较为多样，有武术健身需求的人几乎都可以在健身武术中找到适合自己的形式，可见，健身武术的出现，对武术运动的普及与发展起到了推动作用。普适性、大众性、灵活性是其主要特点，作为大众健身体育的重要内容之一，健身武术起着不可忽视的作用，为武术爱好者的武术锻炼提供良好的服务。

3. 实用武术

从当前的实际情况来看，实用武术广泛运用于军事领域和警备领域。克敌制胜是练习实用武术的主要目的，只有在实战中打败敌人，才能保护自身与群众安全。从字面意义上来看，实用武术的重点在于武术的实用性，在具体实战中，实用武术的一招一式都应该为克敌而存在。

作为实用武术，除了需要掌握擒拿、格斗等技术之外，还要练习奔跑、游泳等运动。擒拿和格斗作为标志性实用武术，不适用搏击规则，具有强大的攻击力。由此可见这种武术以实用技术为主，其中含有不少制服乃至一定限度地致伤的招数。

（二）按照运动形式分类

1. 功法运动

我国武术的功法是以单个动作为主的练习方式，是武术运动中较为基础的练习内容。功法运动伴随着武术的发展而发展，主要作用是掌握武术套路、格斗技术，提高体能。不同的功法可以提高练习者不同的运动素质，事实上，单独练习某类功法同样可以增强体质、强健体魄。

（1）内壮功

内壮功又被称为"内功""内养功"。内功主要是练习者为了提高自身体质，增强精气神，而采用特定的练习方法和手段不断修炼自身脉络、肺腑等。一直以来，练习内壮功的方法丰富多样，静坐法、静卧法、鼎桩法、站桩法都是较常用的锻炼内壮功方式。

（2）外壮功

外壮功又被称为"外功"，其也是功法运动中的重要组成部分。作为功法运动的一种，武术练习者进行外功训练的主要目的就是提高自身击打以及抗击打能力。因此，人们一般通过特定方式来进行基本训练，比较常见的练习方法有铁砂掌、排打功、金刚指、鹰爪功等。

在武术练习中，内壮功与外壮功通常是要结合练习的，内功外功兼修，这就是所谓的"内练一口气，外练筋骨皮"，这其中也饱含着丰富的中华传统武术的哲理。

（3）轻功

人们总是习惯将轻功与武侠小说联系在一起，事实上，轻功是真实存在的一种功法。当然，与影视剧中有所不同，轻功并非如此夸张，在武术运动中，所提到的"弹跳功"就是轻功。顾名思义，这一功法的主要目的就是增强训练者的弹跳力。迄今为止，我国仍然存在很多练习轻功的人，在他们的坚持不懈下，有了很大的进步，仅仅凭借自身的力量，他们中就有人能够弹跳 4～5 米。

（4）柔功

作为武术功法之一，柔功恰如其名，练此功者不仅能够提高肢体关节活动幅度，而且还能够增强肌肉的伸展性。实际上，柔功也不像一些影视剧中演绎的那般神奇，人们在进行普通的武术训练时，同样需要练习柔功，像压腿、劈叉腿、压肩这样的基本功都隶属于柔功。

2. 套路运动

作为武术运动的重要构成部分之一，套路运动事实上就是技击动作的有机组合，当然，这里的组合并非任意组合，而是需要遵循一定的规律，按照攻防技击原理来进行排列，只有如此，才能真正起到锻炼身体的目的。将套路运动进行详细划分，主要可以分为集体演练、对练和单练等。其中，对练和单练较常在武术比赛中出现。如全国运动会武术比赛的套路项目等。

3. 搏斗运动

作为实战攻防格斗运动，搏斗运动是两个人在智力、体力、技巧等方面的较量，在较量的过程中必须遵循搏斗规则。当前在武术中，比较常见的散打、推手、短兵、长兵等都属于搏斗运动形式。其中尤以推手、散打更受人们欢迎。

（1）散打

民间又将散打称为"手博""散手"。目前，擂台仍然是散打比赛的主要形式。虽然散打也是技击术的一种，但显然散打有更多的比赛限制，比如，可击打部位、禁止击打部位等，正是严格的比赛规则保证了参赛人员的安全。任何参赛人员都应该严格遵循比赛规则，合理制胜。

（2）推手

对阵双方在遵循一定的规则和明确禁忌的条件下进行的以拥、捋、挤、按、探、捌、肘、靠等技法为主要技击动作的运动。这类运动危险系数低，主要依靠哪方先出界限来判断胜负。

（3）长兵

顾名思义，所谓的长兵就是指长兵器。也就是说，双方在对峙时，可以任意选择一种长兵器作为器械来进行攻防。当前比较常见的长兵器有棍、枪等。

（4）短兵

与长兵相对，所谓的短兵无非就是短兵器。人们在使用短兵器对抗时，依然要遵循一定的规则来进行防守。剑与刀是常用的短兵器。

第二节　武术的发展与教育的密切关系

一、武术与我国古代教育

（一）"射"与"御"

迄今为止，我国教育已经历经了几千年的发展与演变。具体可以追溯到商代，大约在商朝，我国就已经出现了学校教育，这并非杜撰，而是有严格的文字记载可作为参考。学校教育在不断发展中，于西周时期形成了完备的体系，同时内容也更为丰富。彼时"六艺"是学校教育的主要内容，其中，射、御初步构成了体育的内容。

1. 射

早在几千年前，便在人们的勤劳智慧下诞生了弓箭。西周时期，弓箭更是发展成为最重要的武器之一。弓箭不仅在军事领域占有极其重要的位置，而且在祭祀、宴会等活动中也十分受欢迎。人们将这类活动上的射箭训练称为"射礼"，弓箭的盛行唤醒了人们反抗不公、反抗压迫的精神。当时的射箭比赛有严格的规章制度，在《礼记·射义》对其有明确的记载：射者进退必中礼，内志正、外体直。具体来讲，就是指参与射箭比赛的人要保持良好的心态、坚定的意志、挺拔的身姿，按照礼节规定来进行射箭。人们的道德品质往往会在射箭比赛中一览无余，当时人们一致将射箭比赛看作锻炼思想道德修养的最佳选择。通常情况下，射箭会与音乐相联系，伴随着音乐的发声，箭离弓，顺势而发。可见，射、礼、乐相互关联，因此，它们的教育同样密切相连。西周时期的射礼不仅具有军事意义，同时也具有一定的政治意义、教育意义。

在不同时期，弓箭有不同的作用，在和平年代里，弓箭更多地起到娱乐作用，而在战争时期，弓箭则主要发挥军事作用。为了保证弓箭的御敌效果，不仅要在弓箭上做文章，还要训练弓箭手，战场上，两军交战，一方面要保证射箭的距离，另一方面还要保证弓箭的硬度。只有足够用力才能射得远。基于此，在进行射箭训练时，要格外关注学习者的力量，锻炼他们的体力，力量越大，弓拉得就越慢，射的距离也就越远。在西周时期，常常会举办射箭比赛，从本质上来看，就相当于现代的运动竞赛。当时的射箭比赛虽然没有完备的设施，但仍然具有严格的比赛规则，并配有一定数量的发令员、记分员、拾箭员等。射箭比赛是磨炼人们意志、增强人们体魄的活动之一。从这方面来看，西周时期的"射"的确与体育一脉相承。彼时的射箭又被称为"五射"，因为它所教授的内容不外乎以下五种，首先是"白矢"，即训练者在拉弓时要使手指与箭头刚要碰到；其次是"参连"，也就是连续射箭；再次是"剡注"，指瞄准的方式；又次是"襄尺"，指拉弓的姿势，训练者在拉弓时要保持手臂水平；最后是"井仪"，也就是说训练者在拉弓时要拉满，这主要是为了训练人们的手臂力量。

2. 御

作为六艺之一，御同样是一项与体育联系密切的技能。一般而言去，御是指人们驾驭战车的能力。西周时期，战车便已经作为战争的产物盛行起来了。当时判断国力强盛还是衰弱的主要标准就是战车的数量，千乘之国的说法便来源于此。战车由于重量大，通常需要四匹马来牵引，除了马匹之外，还需要驾驶员、弓箭手、击刺者。驾驶员负责在前驾车，弓箭手则位于战车左侧负责战斗和指挥，击刺者位于右侧主要负责清除障碍。除了战车上的三名车甲士之外，还需要七名车甲士做替补，他们一般跟在战车两侧，及时替换战车上受伤的士兵。除此之外，还有数十名步兵跟随战车一同作战。这里提到的车甲士主要由奴隶主构成，步兵则是自由民。作为军队的核心人物，奴隶主阶级在作战中发挥着关键作用，基于此，他们更加需要掌握必要的军事技术，接受学校的御射教育。

御之所以被称为"五御"，是因为它由五种技术所构成。第一，"鸣和銮"。鸣与銮都属于铃，前者系于车轼，后者系于车衡，随着车的行驶而发出悦耳的铃声；第二，"逐水曲"，具体而言就是沿着弯曲的水沟依然能够驾车前行；第三，"过君表"，指驾车经过天子表位时要致敬；第四，"舞交衢"，驾驶员要善于把握节奏感，在十字路口时，要注意周围环境的变化；第五，"逐禽左"，驾车追赶禽兽，为了方便弓箭手射杀，应该将禽兽拦在车的左侧。

事实上，除了上述普遍技能之外，在我国古书中还曾提到一个特殊技能——超乘。这一技能是战车甲士所具备的，简单来说就是指顺利跳上战车的能力。这一技能在《左传》中有所记载，彼时，战争不断，秦国举兵攻打郑国，军队仍然严格遵循礼仪制度，在路过周天子城门时，战车甲士纷纷摘掉头盔下车以示尊重，而后，战车甲士再跳上战车继续前行。这一方面展现出了他们的高超的超乘技能，另一方面，体现了他们对于周天子的尊敬。

作为与体育关联密切的技能之一，御不仅涵盖了驾车技能、射箭技能、超乘技能，还包括长矛技能。由此可见，要想掌握御这一技艺，人们就应该提高自身身体素质，强健的体魄是学习的重要前提。基于此，学校开展了训练体能的活动。

事实上，射御的训练场地并非局限于学校，田猎也是不错的选择。

（二）武举与武学

在我国，每个朝代对于教育和军事有不同的见解。大约在隋朝灭亡，唐朝建立之后，教育得到了大力重视，军事也得到了鼎力支持。贞观年间，唐太宗李世民更是十分重视军事力量，亲自训练武将，同时还定期检阅军队。在武则天时期，武举开始出现，作为军事制度，武举同样采用考试的方式来进行官员的选拔，具体考试内容既包括武艺也包括兵书。为了在武举中取得优异成绩，人们自小就开始习武，增强体质，自此，武举教育成为与文举教育并列的教育形式，文武分途的观念由此出现。不可否认，武举的出现为青少年的发展提供了更多的渠道，人们开始抛弃重武轻文的理念，开始接受武举教育。

唐朝灭亡之后，宋朝出现，并沿用了武举制度。此时，武举考试每三年举行一次，主要考试项目是马射、步射、马上等，与唐朝相比，不仅不再增设负重、举重项目，而且在其他项目要求上也明显较低。不过，宋朝在选拔武将时十分注重才学，因此，军事知识、法律制度、边防等都包含在武举考试中。除此之外，这一时期的武将地位较高，尤其是在宋高宗时期，武将的待遇更是达到了高峰。

武学，最早可以追溯到宋朝宋仁宗时期，彼时，武学开始出现。但设立没多久便停办。而后宋神宗时期又重新兴办武学，于"武成王庙"设中央武学，而后经过不断发展，到宋徽宗时期，各州都出现了武学。当时设立的中央武学有严格的名额限制，仅仅只招收 100 名学子，而且这些学子大多是官员子弟，还有一部分是由官员担保的百姓。武学的学制为三年，只有在入学考试中合格者才能顺利入学。宋朝的武学不仅教授理论知识，同时也注重实践，从武术方面来看，理论知识内容主要由兵法、历代战争分析所构成，武艺训练则是主要实践内容。另外，武学根据武艺水平、学业成绩等将学子划分为不同的等级，分别为外舍、内舍和上舍。学子如果表现优异，很有可能获得参加武举殿试的资格，同时也有机会担任武官，同样地，表现较差的学子也会面临丧失学籍的情况。作为中央武学下级的州武学，有每年向其引荐学子的权利，一般有三个名额，被选中的三人如果顺利通过晋升考试，则可进入内舍学习。从某种程度上来看，武学的出现，不仅促进了军事体制的确立，同时也推动了武术的发展。除此之外，武学的出现还影响了文学的发展，人们的选择不再单一，除了文举之外，还可以尝试武举，当然，这种影响并不大，习文的人仍然占大多数。

（三）其他形式的武术教育

作为重视教育的朝代，宋朝除了设立武学之外，还建设了很多其他类型的学校，比如医学、画学、算学、太学、国子学、小学、律学等，为了应对科举考试，各州县也为学子设立了学校、私学、书院等。各州县学院里的教书先生大多由科考落榜、仕途失意、乡绅名士组成。为了满足当时社会的需要，各类专项组织教学机构开始出现，其中比较著名的包括：齐云社（蹴鞠）、角抵社

（摔跤、相扑）美略社（枪棍）、锦标社（射弩弓），这类以满足群众需要为主的教育机构在当时受到了热烈欢迎。

几乎历朝历代的教育都是基于前代的基础上发展的，元朝也不例外。元朝沿用了宋朝学校教育的基本框架，并做了改进。彼时，学校主要由诸路蒙语文学、诸路阴阳学、诸路医学、诸路儒学、国子学、回民国子学、蒙古国子学、书院以及私学构成，在这些学校当中，私学最受欢迎。社会组织承担起了除习射之外的大多数武术教育。

元朝之后，武术又有了全新的发展。明清时期，武术的发展多依靠民间的社会群体，不再仅仅依赖武举。明朝时期出现了很多武术人才，其中较为著名的有刘德长、戚继光、张松溪、洪记、俞大猷等。另外，在明清时期，人们更加重视身体健康，于是强身健体术式得以飞速发展，许多武术借此发扬光大，刘奇兰的形意拳、蔡九仪的轻功、杨福魁的杨式太极、陈王廷的陈式太极拳都在此时得到了发展。正是由于这类民间团体组织的发展，催生了武术门派，各门派之间不断争夺名誉，出现了许多以挑衅为主的比武活动。

二、武术与我国近现代教育

（一）武术进入学校体育课程，纳入正规教育

发展到清朝后期，延续了一千多年的科举制度正式废除。大量学堂开始兴办，呼声最高的教育当属德育、智育和体育，开展体育教学变得刻不容缓。19世纪末期，我国被迫打开国门，开始接触西方思想观念，并在统治者的鼓励下，学习西方制度文化，这为西方体育在我国的传播奠定了基础。西方体育凭借着娱乐性、竞技性特点，一经传入，便受到国人的欢迎，各学堂抓住机会，纷纷设立"体操科"。在西方体育的冲击下，我国蕴含着丰富武术文化的武术团体发展受到了一定影响，但仍然存在。20世纪初期，我国的武术界涌现了一批赫赫有名的武学人士，霍元甲便是其中之一。1909年，在外国人的挑衅下，霍元甲与西洋大力士、东洋武技高手比武，并取得胜利，自此，名声大噪，在武术界享有盛誉。一举成名的霍元甲决定留在上海传授武艺，于是在同年设立了"精武体操学校"，之后又于1910年成立了"精武体育会"，广受当地人民喜爱，除了传授武术之外，还开设了其他多种体育项目。为了扩大精武

体育会的影响，同时也满足更多武术爱好者的需求，我国各地纷纷设立精武体育会分会，包括厦门、天津、南京、山东、广州、武汉、江西、南宁、香港、澳门等地。一时间，精武体育声名鹊起。越南、新加坡等华侨较多的地区为了大力传播中华武术也开始成立精武体育分会，除此之外，上海还开拓了全新的武术教育战地——中华武术会。体育协会和国术学会则兴起于清朝末年的上海、北京、广东、天津等地。之后于 1915 年 4 月，我国对体育教育有了新的要求，在"全国教育联合会"上，《拟请提倡中国旧有武术列为学校必修课》这一由许禹生等人提出的议案得到了认可，并顺利通过，自此，我国武技被纳入学校教育之中。国民政府执政之后，统治者意识到了武术运动的重要性，为了进一步巩固统治，扩大势力，成立了国术研究馆，而后更名为国术馆，并同时大力弘扬武术，使武术逐步融入体育之中。中央国术馆也成立于这一时期，1928 年，在国民政府的支持下，中央国术馆成功创立，内设有体育传习所，为了培养更多的武术人才，我国多地开设国术馆，其中包括上海、广东、江苏、河北、济南、青岛、河南、山西、浙江、汉口、绥远等地，为了选拔出尖端武术人才，全国国术考试于同年举行，1929 年，国术体育大会在浙江举办。伴随着时代的发展，全国体育会议于 1932 年召开，并呼吁将我国新旧体育运动结合，重视武术以及民间体育运动的发展。之后为了响应全国体育会议的号召，我国部分学校开始重视武术课教学，并将武术课融入体育教学之中，另外，还在学校运动会上增设了武术比赛。此时，我国已经具备了将武术融入学校教育的基础条件，学校体育课程中开始出现武术课程，这为中华传统武术的有效传承提供了条件。

（二）中华人民共和国成立后武术教育不断完善

自 1949 年，中华人民共和国成立之后，我国的武术教育就得到了长足发展。1950 年，为了推动武术运动的发展，国家体育委员会召开了武术工作会议，在这次会议中，就武术运动问题进行了充分探讨，最终设立了武术协会。而后全国性的武术表演、武术比赛也登上了历史舞台，为了满足人民群众对武术运动的广泛需求，拳术套路的编制开始朝向全民化方向发展，诸如简化太极拳、少年拳之类的拳术几乎适用于所有人。在学校方面，很多高校开始增设武术课，关注学生的体育发展，另外，一些业余体校也设立了武术班。虽然彼时的武术在我国学校教育中已经得到了重视，但是发展并不彻底，仍然存在不足，直至 20 世纪 50 年代，专业的武术教材仍未出现在体育教学中。20 世纪 60 年代，武术正式纳入我国大中小学的教学大纲中，对于不同年级的学生，武术教学内容不同，时长也有所不同。中小学体育教学总时长均为 68 学时，处于小学时期的学生，由于年纪小，身体素质差，武术教学一般从三年级开始，每年学生的武术学习时间为 6 学时，主要学习腿功、肩功、腰功等基本功，第一路初级拳、第一套武术操也是在这一时期教授的；当学生步入初一、初二之后，武术教学时间增至每年 8 学时，教学内容也在武术基础动作的基础上有所丰富，第二套武术操一般都在这一时期教授，在学生步入初三之后，武术教学时间缩短为 6 学时，这一时期学生主要学习第二路初级拳。高一高二年级教学时间恢复至 8 学时，高三年级则为 6 学时，学生在整个高中时期都在练习第三路初级拳。

受到中小学武术教育教学的影响，大学武术教育有了全新的发展。在教学时长方面，大学武术教育与中小学并无不同，但从其他方面来看，比如，教学环境、师资力量等，大学的武术教育要明显优于中小学。基于此，《教学大纲》能在大学得到良好实施。

在学校专业武术教育的培养下，20 世纪 80 年代之后，出现了一大批优秀武术毕业生。武术毕业生的出现一方面传承了中华武术文化，另一方面，推动了武术教育事业的繁荣。这些武术毕业生被派往全国各地的大学任职，丰富了大学师资力量，一股武术潮流自此兴起。武术协会于 1982 年首先在北京大学、上海同济大学等高等院校设立，紧接着，全国各地高校纷纷效仿，武术协会一时风头正盛。全国首届中医院校武术比赛兴办于 1985 年，由国家中医药管理局统筹，举办地点位于沈阳中医学院，总共有 27 所院校参与，为了激发人们的武术热情，当时的比赛内容以武术套路为主，此外，还包括武术功法。第一届中医院校武术比赛的成功举办鼓舞了士气，而后又先后在黑龙江、山西举办了比赛，自此，我国形成了严格的中医院校武术比赛制度。除了这一比赛之外，我国中医药管理局为了切实增强武术教师的教学水平，提高整体教学素质，举办了以培养武术教师为主的武术训练班。

长久以来，武术作为我国的传统民族文化，受到了广泛关注，无论是中华人民共和国成立之前还是之后，以切磋武艺为主的武术比赛一直存在。但即使如此，在第四届全国大学生运动会之前也并未有实质性文件或规定将武术正式纳入比赛范围。为了适应时代发展的需要，1992 年，我国首次将武术比赛纳入比赛项目。之后，各类武术比赛项目层出不穷且丰富多样。武术比赛的频繁兴办，一方面能够激起学生的习武热情，进而增强学生体魄，另一方面，能够丰富武术教学形式，促进武术教育事业的发展。

在进入 21 世纪之后，我国开始迈入新时代，中国特色社会主义也迎来了新的挑战。伴随着科技的发展，社会的进步，人们对教育也有了新的需求，因此，教育要不断进行改革。作为学校重点教育内容之一，武术教育不仅承担着传承优秀中华文化的功能，而且还能够培养学生的爱国主义精神，基于此，我国要在发展中不断完善武术教育。近年来，各类推动体育发展的政府纲要不断涌现，《体育强国建设纲要》作为国务院颁发的正式文件，加快了我国体育强国的建设进程。

第三节　武术教育的人文与科学原理

一、武术教育的人文原理

历经几千年的发展，武术已经深深植根于我国的优秀民族文化之中。其不仅内容结构丰富，而且具有深厚的文化内涵，与各类优秀文化相互交融。作为教育的重要内容之一，武术教育致力于追求道德与技术、人与自然的和谐统一，同时也希望通过武术训练获得身心健康，这集中体现了普遍的人类自我关怀。人是自然中的人，人的全面发展离不开自然，自然同样也需要人类维护，人与自然密切相连，要想在真正意义上推动武术的发展，就必须做到人与自然和谐统一。比如，在不同的季节，人体五脏所适应的功法不同，此时便需要根据季节变化来搭配功法。

内外兼修指的是人的修养从内外两个层次所进行的全面提升，表现在武术上就是指习武者既要修炼武功同时也要培养精神素养。一直以来，我国习惯将孔孟仁学作为规范武术行为的道德准则。儒家学说中的仁爱思想是容忍、宽容、忠诚、人道的象征，被誉为"仁"的最高标准，在我国武术教育中便深深融入了儒家仁爱，受到这一道德准则的约束，我国的武术教育中充斥着仁学思想。从古至今，习武者在选择徒弟时都更加注重思想道德而并非武学，武德是习武的基础。因此，在武术教学过程中，育人始终占有重要位置。学习武术是为了除暴安良，而不是为非作歹，习武者必须将自己的一身武艺用于正道，切忌败坏武德。习武者在与人切磋之时，要凭借自己的德行服人，而不是利用自己的武艺来压制别人，保家卫国始终是评价习武者武德的最高标准。这充分反映除了我国武术的人道主义精神，同时也表明淳朴、善良始终是我国人民的传统美德。倡导内外兼修的中华武术从侧面实现了人与自然的和谐统一。为了实现武术上的内外兼修，习武者不仅要苦练武术，增强身体素质，提高武艺，还要培养良好的品德，两者缺一不可。修身治国平天下，修身是后两者的基础，没有良好的品德，健康的身体一切将无从谈起，可见，对于一个国家，一个民族来讲，品德高尚与否至关重要。它不仅关乎武术的未来发展趋势，也影响着人与自然的关系。

自武术教育兴起以来，便致力于培养出品德高尚、武艺精湛的人才。历史时期不同，武术教育所蕴含的人文意义也会有所不同，但无一例外，无论哪一时期的武术教育都十分关注人性。霍元甲作为我国著名的武术家，同样拥有一颗炽热的爱国心，他不仅为众多武术爱好者创办了习武基地，还多次打败外国挑衅者，为我国争取荣光。诸如霍元甲之类的爱国武术家受到了我国人民的追捧，这表明培养品德高尚的武术人才才是武术教育的发展趋势。但是随着教育的改革，人们开始忽视武术教育中的人文精神，将关注点更多地放在输赢方面。从价值目标方面来看，武术教育的确具有增强体魄，强身健体的功效，但并不具有唯一性，人们除了可以通过练习武术来增强体质之外，还可以通过控制饮食、适当运动等方式来保持身体健康，这样看来，武术教育就显得似乎不那么重要了。然而，事实上，武术除了可以保持身心健康之外，还具有文化意义。从价值功能方面来看，武术具有丰富多样的人文功能；从价值评价方面来看，武术的兴起丰富了评价标准，使评价更加注重民族、精神、主体等领域；从价值实现形式方面来看，教育、学习是武术实现价值的主要渠道，最终以价值观念、心理素质、文化成果、文化人格等形式存在。不重视武术的文化内涵是不可能发展长久的，要想使武术教育走可持续发展之路，就要以武术文化为切入点，丰富武术的精神文化内涵。

二、武术教育的科学原理

从本质上来看，教育存在的意义就是为社会培养所需要的人才，可见，专业知识是人才立足于社会的基础，判断教育成功与否的标准之一就是人才的专业性。基于此，学校教育必须加强课程设置，重视专业知识的教学，在确立课程体系之前，要进行充分且严格的研究。对于体育来讲，专业知识教学同样十分重要，一方面，这一知识技能为学生发展运动技能奠定了基础，另一方面，它同时也是对人体学科内容的丰富。

保持人的身心健康是体育的根本目的。然而，不同时期人们对健康的界定不一样，人们对健康的认识越深，健康的内涵就会越丰富。之前，在经济相对不发达，科技较为落后的时期，人们对健康的认识仅仅停留在生理层面，简单地认为只要生长发育正常，不存在疾病就是健康，显然，这是纯粹的生物健康观。随着时代的变迁，人们逐渐关注到健康的心理层面，此时的健康不仅包括生理的健康还包括情绪、精神、治理等方面，身心健康发展成为当时追求的主要健康目标。之后伴随着人们对健康的更深入探索，又有了更为丰富的健康内涵，社会学属性开始与健康相关联，人们的社会适应力、合作观念、集体观念都被划入健康范围。目前，形成了生理、心理、社会三合一的健康观。对于健康来说，三者缺一不可，世卫组织也强调只有在这三个领域都保持健康，才算真正的健康。也就是说，当前，人们应该追寻身体、心理、群体的和谐统一。基于此，可以对完整的体育运动原理进行如下总结：首先体育运动原理的基础是社会学、心理学和生物学，它的发展丰富必须以三者为基础，其次体育运动的最终目的是实现人们身、心、群素质的全面发展。为了符合当下人们的健康需求，教育界提出了全新的课程标准，摒弃了以往的传统课程体系，对课程内容和课时都进行了适当调整，传统的体育课程是根据运动项目来进行制定的，在经过重新构建之后，课程内容明显更加丰富合理了，同时也更加符合健康第一的体育思想。社会适应、心理健康、身体健康、运动技能、运动参与等都涵盖在了体育课程当中。可见，武术课程的制定需要跟上教育改革的步伐，努力适应时代的发展，只有如此，才能长久地发展下去。

学生作为教育的主体，决定着教学活动的开展。武术教育也不例外，一切武术教学活动的开展，都要以学生健康为中心。因此，高校在制定体育教学内容、确立体育教学目标、选择体育教学手段、编制体育教学教材时，都要充分遵循以学生健康为主的原则。这里所提到的健康是指全面的健康，生物、心理、社会三合一的健康。传统的武术教学将重点放在学生身体健康层面，忽视了学生的全面发展。为了保证武术教学的合理性，促进学生真正意义上的健康发展，当前应该从生理、心理、社会等角度开展武术教学活动。首先，合理安排教学内容同时采取适当的教学手段来进行武术教学，使学生在学习中掌握武术知识技能进而增强体质，维持身体健康；其次，武德教育也是武术教育的重点，运用技术教学在潜移默化中培养起学生的道德观念、人际交往意识，使学生保持心理健康并同时增强社会适应能力。在全新武术教育下，学生将成长为社会适应能力和自学能力都比较强的实践创新型武术人才。

第二章　武术教育当代价值的多维体现

武术是我国优秀传统文化的精华，武术在学校教育中的突出地位和重要作用集中表现为其独具特色的价值，本章即对这些价值展开详细分析。

第一节　武术教育价值的基本特征

一、武术教育价值的客观性

价值问题研究的最基本内容是客体的客观存在，其主要原因在于，价值这一概念的关系范畴是介于主客体之间的，客体的存在、属性及其与主体的尺度和需要相一致、相符合或相接近，这就是价值的实质。

所谓客观，即一切物质固有的、不以人的意志为转移的属性，其中包括物质现象与事物。"物质是标志客观存在的哲学范畴，这种客观存在是人通过感觉感知的，它不依赖于我们的感觉而存在，为我们的感觉所复写、摄影、反映。"[1] 它体现了客观事物的本质和规律，"是对一切可以从感觉上感知的事物的共同本质的抽象，因而它既包括一切可以从感觉上感知的自然事物，也包括可以从感觉上感知的人的感性活动即实践活动。"[2] 武术，作为一种客观存在，在其产生与流传过程中，始终具有客观性。武术教育的前提与基础是客观性，客观性是武术教育合理性与社会可接受性的必要条件。如果武术教育在实践中

---

① 列宁. 列宁选集（第2卷）[M]. 北京：人民出版社，1972：128.
② 肖前. 马克思主义哲学原理（第2版）[M]. 北京：中国人民大学出版社，1998：88，278.

丧失了客观性，那么，武术教育就会沦为伪科学。

纵向来看，受各种因素影响，武术的用途在不同的历史时期、不同发展阶段，都体现出一定的差异性。在古代，儒家文化与思想盛行，武术又与军事战争紧密联系在一起，所以武术主要用于军事战争并在无形中吸收、传播了儒家思想；在近代，武术的主要用途发生变化，救亡图存时局下，武术主要用于增强国人体质、拯救民族危亡；现如今，随着生活水平不断提高，人们更加注重综合素质的培养，武术主要用来强身健体、娱乐休闲等。横向来看，如果对武术门派、种类等进行细分，那么武术的差异性就更加明显。透过武术动态发展的种种表面现象，武术差异性、变化性中包含着亘古不变的本质，那就是，无论形态如何变化，武术始终通过技法招式体现身体教育的价值，始终通过文化展现其中蕴含的思想倾向，从而体现出文化价值。武术具有客观性，武术的身体教育价值与文化价值也具有客观性，不以人的意志为转移。

二、武术教育价值的历史性

马克思曾指出："人们自己创造自己的历史，但是他们并不是在他们自己选定的条件下创造的，而是在直接碰到的、既定的、从过去承继下来的条件下创造。一切已死的先辈们的传统，像梦魇一样纠缠着活人的头脑。"[①] 由此得出，人民是历史活动的主体，人的本质是一切社会关系的总和。通过实践，人们创造出基于时代客观现实之上的、具有时代特色的精神产物与文化产品，他还指出："历史的每一阶段都遇到有一定的物质结果、一定数量的生产力总和，人和自然以及人与人之间在历史上形成的关系，都遇到有前一代传给后一代人的大量生产力、资金和环境……人创造环境，同样环境也创造人。每个个人和每一代当作现成的东西承受下来的生产力、资金和社会交往形式的总和，是哲学家们想象为'客体'和'人的本质'的东西的现实基础。"[②] "每一代都利用以前各代遗留下来的材料、资金和生产力；由于这个缘故，每一代一方面在完全改变了的条件下继续从事先辈的活动，另一方面又通过完全改变了的活动来改变旧的条件。"[③] 由此得出，时代的变化与演进具有连续性。因为经济基础决定上层建筑，而经济基础的变化并不是一时促成的，所以进入新的时

---

① 马克思，恩格斯. 马克思恩格斯选集（第 1 卷）[M]. 北京：人民出版社，1995：585.

② 马克思，恩格斯. 马克思恩格斯全集（第 3 卷）[M]. 北京：人民出版社，1960：43.

③ 马克思，恩格斯. 马克思恩格斯选集（第 1 卷）[M]. 北京：人民出版社，1995：88.

代，经济基础还没来得及发生变化，它决定的上层建筑也相对稳定，故而与上一个时代衔接在一起，前一个时代的社会环境、发展条件及模式也会影响后一时代，这种连续性也是客观的，是不以人的意志为转移的。人类所有历史活动都是在当时社会生产力的基础上进行的，都符合生产力的历史状况。

中国传统武术的产生与发展变化，都与当时所处时代的生产力与生产关系状况相吻合，源于各种社会现实的相互作用，是中国不同时期社会变革的真实反映。作为一种社会存在，中国传统武术拥有鲜明的时代特色。远古时期，人们通过劳动、生产活动实现自给自足后，便开始寻求自身发展的道路，武术的基本形态也随着人类社会的进步而不断完善。先秦时期，传统武术衍生出了武术教育，而当时的武术教育不仅起到锻炼身体的作用，甚至也是整个社会教育的起点，到了先秦后期，出现了百家争鸣的局面，碰撞与交流的各家思想文化也融入了武术教育中。从汉武帝时期开始，罢黜百家、独尊儒术的思想不断发展壮大，儒家思想在中国传统文化中逐渐确立了主流思想的地位，因此，武术教育也吸收了许多儒家思想的价值观念。明朝，武术发展到一个大繁荣局面，其体系初步形成，涌现出了大量流派。这一时期的中国传统武术与军事联系较为密切，又因受到当时历史文化的影响，形成了一种获得普遍认同的武术精神，名为"武德"。清朝，尤其是晚清，外有西方列强侵入，内有清政府腐朽统治，中华民族在当时陷入内忧外患的困境，面临巨大危机，爱国志士与武林侠士的爱国热情高涨，以武术招式与技艺发扬中国传统武术精神，反抗外敌，反对满清政府的黑暗统治。民国时期，民族危机进一步加深，各种思想文化层出不穷，正义之士又一次注意到了中国传统武术，强调武力的重要作用，尚武之风也随之再次兴起。中国传统武术的精神内涵再次得到充实与升华。中华人民共和国成立后，社会环境大大改善，传统武术也迎来了平稳发展的新阶段，武术的时代性使其拥有了顺应于当时社会现实的新招式、新内涵。当下，社会发展水平不断提高，人们的生活越来越富足，武术也进入了注重质量发展的新阶段，传统武术与学校教育相结合，成为学校教学内容与课程的组成部分，顺应了当下"增进健康，增强体质"的时代新课题。中国传统武术经过不断磨砺与完善，最终形成传统武术的外在形态与内在意识的统一体，它与各个时代的主流价值取向相吻合，在不同时代拥有不同的历史使命与精神内涵。

三、武术教育价值的主体需求性

主体性体现人的能力、作用以及地位，这种性质需要通过实践才能表现出来，换句话说，主体性即人的自主、主动、能动、自由、有目的地活动的地位和特征。主体性的实现发生在对象性活动中，在此活动中，主体作用于客体并影响着客体，主体性也就成为主体的本质特性。在评价活动中，主体需求是主体衡量价值的标准，从主体需要出发，评价主客体之间是否存在价值关系以及存在价值关系时的价值量大小。在主体需求的概念界定中，客体的价值量大小是由主体确定的，客体价值在面对完全不同的主体时，其价值也会发生相应的变化；主体以外的客体价值判定也是由该主体完成的。所以，某种意义上来说，在主体需要的内涵里，客体的价值量不是客体的属性，其价值量都是相对于主体而言的。主体的认识源于主体的实践活动，主体认识的深度与广度也是由实践的活动范围决定的。所以，主体对客体的价值认识都是基于自身客观的实践活动所做出的，与主体无关的纯粹的客体价值判断是不存在的。

美国心理学家马斯洛（Maslow）有一个著名的理论，即"基本需求层次理论"，该理论的研究对象为社会人的需求。马斯洛认为，人类价值体系存在两类不同的需要，一类是沿生物谱系上升方向逐渐变弱的本能或冲动，成为低级需要和生理需要。一类是随生物进化而逐渐显现的潜能或需要，成为高级需要。他还认为，在特定时刻，人的一切需要如果都未能得到满足，那么满足最主要的需要就比满足其他需要更迫切，从而将需要划分为五个等级，即生理的需要、安全的需要、感情的需要、尊重的需要、自我实现的需要。[①] 马斯洛理论历久弥新，历史与实践证明，这一理论是对人类自身需求的客观揭示，引导人们正确认识自身与人生，能够促进人生价值的实现与升华。

人类的需求推动自身的生存、发展、完善过程，在需求产生后，人们会根据需求的"内在尺度"进行价值的取舍，人类社会正是在共同需求的选择与达成的实践过程中实现发展与进步的。传统武术自出现就拥有了生存价值、教育价值等多重价值，多重价值满足了人们的多重需求，在同一历史条件下，人们对武术的价值判断并不是单一的，与之相对应，人们对武术的需求也不是单一的。原始社会时期，自然条件落后，认识水平较低，人们产生了征服自然、战胜自然的需求与愿望，武术在人们的生存本能驱使下应运而生；随后，部落战争等社会环境促使人们对武术产生安全需求；贯穿于武术发展全过程的是人们的教育教化需求，这种需求不仅促使武术技能技法的完善，而且促进民族精神的不断丰富和发展。在武术的发展过程中，人们对武术的需求是多层次的，

---

① 郝士钊. 西方先哲思想全书 [M]. 北京：中国城市出版社，2011：325.

各层次需求是并行存在、相互依赖的。比如在当今社会中，人们的生活水平逐渐提升，生活环境不断优化，武术中的生存与安全需求相对削弱，又产生了健身和娱乐需求，这些需求的产生都促进了武术形式与内涵的完善，促使武术不断调整方向以适应人们的发展要求。与此同时，人们也不断进行传统武术的创新，借此促使武术的发展从而更好地服务于社会发展。

第二节　武术教育促进传统文化传承

一、传统文化传承的必要性

中国传统文化具有稳定的文化形态，是多元文化在历史长河中不断交融发展的结果，以华夏文化为主流，包含了思想思维、风俗礼仪、道德价值、宗教艺术等多方面内容。爱德华·希尔斯（Edward Shils）曾指出："如果剥夺掉他们所具有的传统，他们便没有物质资源，也没有知识才能、道德力量和眼光来提供在世界中建设家园所需要的东西……传统是不可或缺的。"① 中华民族的优秀传统文化是民族的根与魂，是维系民族存在的根本。在现代社会中，中华优秀传统文化仍然发挥着不可替代的作用：第一，传统文化具有凝聚民心、激励人心的作用，其典型代表就是民族精神。以爱国主义为核心的团结统一、爱好和平、勤劳勇敢、自强不息的伟大民族精神，是中华优秀传统文化的产物，是中华优秀传统文化的精华所在。一个民族要想自立于世界民族之林，就必须要培养本民族的民族精神，以此建立起民族生存与发展的精神支撑。民族精神有着凝聚民心、激励人心的巨大作用，凝聚了不同历史时期的先进思想。第二，传统文化能够使本民族人民对其所属民族产生强烈的心理认同感与归属感。中华民族的优秀传统文化是中华民族区别于其他民族的最显著标志，是中华民族的身份象征。第三，传统文化能够推进国家文化软实力建设。中华民族优秀的传统文化是国家文化软实力建设的内在构成与外在体现，发扬传统文化有利于提高国家文化软实力，有利于凭借文化、价值观念等增强国家影响力。

① ［美］爱德华·希尔斯. 论传统［M］. 傅铿，吕乐，译. 上海：上海人民出版社，2009：285.

中华民族传统文化的发扬，要以我为主、为我所用，要立足于本民族文化，否则会造成民族价值秩序的紊乱，引起大众的心理困惑，给人民的生活带来诸多问题。简言之，提高国家文化软实力的基础是发扬传统文化，继承发展传统文化有利于维护本民族文化安全，有利于提升人民生活的幸福感。

二、武术教育在传统文化传承中的作用

武术教育作为教育的一种类别，同样具有育人目的，具体教学内容为传授武术的理论、礼仪、招式、道德等。武术是浸润在中华民族传统文化中发展前进的，作为传统文化的载体，承载了传统文化的多重内涵，不仅可以用以防身、自卫，而且其招式动作以及道德礼仪等内容都倾注了中华民族传统文化的因素。武术的传统文化因素包括传统的哲学、美学、医学、伦理观念以及兵家思想等。因此在武术教育中，学生要学习的不只是招式套路、礼仪理论等，而且要继承博大精深的武术文化，使其发扬光大。

三、基于传统文化传承的学校武术教学创新

（一）文武并进，武术教学定位由体育运动转向文化传承

武术拥有多种属性，包括技术属性以及更深层次的文化属性，文化属性占据主要地位。因此，学校在武术教育与教学过程中，课程定位应以文化传承为重点，文武并进，改变以往单纯的体育运动项目的课程定位，重视技术属性，更重视文化属性。实施文武并进的武术教学模式，有以下几种策略：首先，在教学理念上，学校应将武术教学与教育的目的设置为强健学生体魄，传授武术知识，弘扬中华民族传统文化。新时代注重对中华民族传统文化的继承与发展，武术文化的弘扬在此背景下显得尤为重要。其次，在课程建设上，将课程主线调整为武术的文化传承，将武术技术教学放在副线的位置上用以辅助主线。最后，在教学实际过程中，向着文武并进的方向开展，提高武术文化内涵的教学质量并加强其课程建设，将教学课程系统化，整合教学内容，使学生既可以学习专业知识，又能够增强综合素质。

（二）学科融合，武术课程资源由线下单一转向网络共融

武术本身就体现出多学科融合的综合性特征，如前文中所说，中国武术中

的传统文化因素包括传统的哲学、美学、医学、伦理观念以及兵家思想等。因此现代武术教育也表现出明显的多学科融合趋势。互联网与信息技术不断发展，使得各学科知识的呈现方式更加多样化，学校教育的学科知识融合频次升高。这种技术的发展为武术课程资源的多学科融合发展准备了条件。在信息化发展水平不高的传统武术教学模式中，教授的武术知识点呈现出失实与碎片化的特点，知识获取来源相对单一，主要包括书籍与影视资料等。现如今，依托于互联网与信息化，高校应将课程设置为线上与线下相结合、各学科知识相融合的新模式。为便于教师与学生的武术教学与学习及其资料的整理，高校应建立并完善武术网络课程平台，在武术知识与医学、哲学等其他学科的相关知识之间建立链接，整合碎片知识。在平台建成的基础上，利用平台进行武术课堂的教学与学习，实现武术课程资源由线下单一转为网络共融。

（三）模块推进，武术教学设计由单元计划转向模块整合

传统武术教育的教学计划与教学方式已经不能满足文武并进、学科融合的教育教学创新诉求。为使武术教学活动紧追新时代重视传统文化继承与发展的潮流，应将传统文化嵌入武术教学活动设计中，将武术教学计划与方式调整为模块式推进。在进行模块化教学设计过程中，应遵循一定的原则要求。首先，应遵循整体性原则，划分武术内容教学计划的目标层次，并依据目标层次划分模块内容，使武术教学既体现武术技术性，又体现武术文化性。其次，应遵循模块内部的关联性原则，将模块内部的武术技法与武术文化相关联，从武术文化的角度去理解技法招式，传授武术技法时讲授其中蕴藏的武术文化，使学生理解传统武术思想。再次，应遵循循序渐进原则。武术文化的学习目标设置应循序渐进，首先要让学生了解相关的文化知识，其次使学生理解相关文化知识，最后达到学生完成自我文化知识建构的目标；教学模块的设置也应遵循循序渐进原则，不同模块间的武术知识与文化教学目标应由简到难，在不知不觉中完成武术知识与文化的重构。

（四）情境渲染，武术文化传播由课堂教学转向点面结合

在进行学校武术的教育教学创新时，有效的情境渲染可以促进教学质量的提升。武术文化的继承与发展是在潜移默化中进行的，时间、空间等外部因素与学生认可度、进取心等内部因素等都对此过程产生一定影响。现阶段，武术

教育已具备重视武术教学活动的情境渲染的意识，积累了大量的实践经验和丰富的研究素材，但总体来看，武术教学情境化的有关措施还有待完善。为此，可采取武术文化教学与校园文化建设"点面结合"的传播方式。该种方式顺应了近年来高校课程建设与校园文化建设相融合的趋势，能够让学生在日常学校生活中随时随地接触到武术文化，在潜移默化中增强学生对武术文化的认同感。具体可以通过校园文化建设平台，将武术文化、武术课堂等情境构建与校园文化建设联系在一起，将武术相关情境构建的"点"纳入校园文化建设的"面"，实现武术与校园文化的互相促进、互相融合。

（五）明确标准，武术文化传承由感性引导转向指标要求

传统的武术教学模式中，教师多采用鼓励引导的形式，传授武术的通识性理论知识，没有明确的考核标准，这就导致武术文化教学效果并不理想。传统武术文化的学习缺少明确的指标，学生与教师容易出现"得过且过"的心理，对武术文化的重视程度下降，学生接触武术文化的积极性也随之下降。武术文化课程的教学知识内容较为浅显，不利于教育"育人"功能的实现，不利于学生的全面发展，更不利于中华民族传统文化的传承与发展。对此，有关部门应制定统一的、细化的武术课程教学评价体系与准则，将教学内容与考核内容联系在一起，消除学生内心在武术学习与考试过程中产生的割裂感；不仅要检验学生接受武术知识文化的程度，而且要检验教师传授武术文化的能力，为武术课堂的实施提供重要的制度保障；此外，还应注意改革武术考核的频次，以量变求质变。

第三节　武术教育助推民族精神培养

一、武术蕴含的民族精神

（一）爱国主义精神

在中国历史长河中，武术界出现过许多英雄人物，他们誓死捍卫国家完整

与民族自尊，始终把国家与人民的利益放在个人利益之上，不畏强权与黑暗，深明大义。在古代，文天祥抗元，在零丁洋留下了"人生自古谁无死，留取丹心照汗青"的千古绝唱；有明朝抗倭英雄戚继光，钻研武艺，狠狠打击了倭寇。在近代，中华民族面临生死存亡的关键时刻也涌现出一批期望救国的仁人志士，比如秋瑾、霍元甲、冯三保等，他们的思想与主张都丰富发展了当时的爱国主义精神内涵，并激发了当时乃至后来众多青年的爱国主义热情。

面对国外势力，英雄的中华儿女勇往直前，面对腐朽黑暗的封建王朝的统治，以农民为主体的起义军精进武艺，坚强不屈，敢于同邪恶与黑暗势力斗争到底。著名的农民起义领袖有陈胜、吴广、李自成等，还有著名的习武之人荆轲、武松等民间义士借助武术为百姓鸣不平，惩恶扬善。

中华民族几千年来经历的创伤也使得时代英雄人物层出不穷，而英雄的人物身上汇集的具有代表性与普遍性的精神品质，又激励了后来人不断奋起，促就一代又一代爱国仁人志士的出现。

(二) 民族兼容精神

中国武术文化源远流长，其产生与发展是一个漫长的、动态的过程，在其发展过程中，武术文化吸收了与释道玄儒、政治伦理、兵农医艺等相关的传统文化因素，强调儒家的"仁"与人本位、社会责任感等传统思想观念，又强调诸子百家中尚武、自由观念以及众生平等的佛法思想，还强调兵家、道家的技法练习思路等。在几千年的发展过程中，传统武术对于其他传统文化的接纳与吸收，从一个侧面体现出整个中华民族传统文化鲜明的、兼收并蓄的包容性特征，传统武术也形成了独特的文化形态。传统武术文化与中华民族其他传统文化是相互联系的，同属于中华民族的传统文化范围内，都形成了鲜明的民族特色。直至现在，传统武术又吸收了现代社会重视娱乐性、休闲性的思想观念，从而强调了传统武术自娱的文化内涵。

除了中华民族文化与民族精神对传统武术文化的产生、发展起到重要作用，也应注意到传统武术文化对民族精神的塑造作用，不管武术处于哪一时期，传统武术精神都在影响与改变着民族精神。中国的武术文化之所以源远流长，一个很重要的原因在于其独特的精神与文化价值。中国武术的发展状况受到社会环境、文化习俗、价值取向等外部要素的影响，所以，传统武术的传承要实事求是，面对不同类别的传统武术，要根据所在地区的具体发展环境，确定合理的发展方向。全球化语境下的传统武术发展，更要守住中华民族传统文化的根与魂，拒绝完全西化，勇敢应对异国文化入侵的挑战，增强文化自信，立足中国国情，走一条具有中国特色的传统武术发展道路；同时也要强调武术文化宣传、发展的持续性，重视武术技艺，更加重视武术文化与精神。另外，生活在新时代，就必须要用时代精神丰富武术精神的内涵，继承、发展、弘扬武术文化，大力促进传统武术现代化、信息化，激发人们学习武术文化的兴趣，增强民族文化自信心，推动传统武术文化走出国门、走向世界。

与此同时，也要注意剔除传统武术文化中糟粕的部分，取其精华发扬光大。传统武术文化的糟粕主要是由封建专制社会下的封建思想残余组成的，它们具有明显的落后性、保守性、封闭性、迷信色彩等特征，有些观念至今仍未完全消除，有碍于武术文化与精神的进一步发展前进，因此必须予以重视，铲除传统武术文化中的那些糟粕，发展以精华为主流的武术文化。

二、武术教育中民族精神培养的策略

民族精神具有重要的地位，民族意识的最高表现形式是民族精神，民族文化的核心也是民族精神。民族精神不是凭空产生的，各民族需在内外因共同作用下，对个别人的高尚精神进行有意识的宣传与凝练，从而激发、汇聚千千万万人民的高尚精神形成本民族的独特精神与气质，具有普遍性与共性，它不能从别的民族复制，具有历史性的特点，是独一无二的。世界各国一向重视民族精神的培育与弘扬，重视民族精神教育，尤其注重青少年的民族精神教育与培养，以期达到增强青少年对民族认同感和归属感、推进国家文化软实力建设的目的。学校教育是民族精神教育的一个主要途径。现如今的武术学校教育逐渐发展起来，武术教育在弘扬培育民族精神的过程中也具有重要意义。下面将对民族精神培育的武术教育策略进行分析。

（一）坚持以学生为本的准则，实现武术教育与民族精神的融合

需要看到的是，武术教育中民族精神的培养，势必要确保实际武术教育内容中有效渗透民族精神。要想使武术教育教学的发展具有持续性与生命力，必须要架构更为完备的教学课程体系，使学生在不知不觉中接受民族精神教育。在这个过程中，需要将关注点放在：其一，作为武术教师，必须要充分了解教材的内容，确保在课程开展之前，能够充分了解学生的实际情况，在此基础上

设定教学任务，固化对应的教学方案，这属于武术教育准备阶段，需要切实的研讨民族精神与对应武术课程之间的关联，然后找到合适的切合点，然后确保对应的课程设计能够引导两者的融合朝着更加有效的方向进展；其二，在进行武术课程内容优化的过程中，要懂得从学生兴趣入手，尊重学生的体验，了解他们在不同阶段的心理变化，关注他们对于武术教育的诉求，在此基础上慢慢将武术教育与民族精神关联起来，这样就可以使得学生进入到更加理想的武术学习格局；其三，在平时的武术教育中，不能一直将关注点放在成绩或者技巧掌握上，还应该引导学生去了解武术技法背后所蕴藏的深刻寓意，激起学生主动学习民族文化的兴趣，提高学生的审美水平与审美能力，这样就可以切实的发挥民族精神在提高武术教育质量中的效能。在实现民族精神与武术教育融合的过程中，不能仅仅依靠某几位武术教育工作者，还需要鼓励更多的武术教育工作者参与进去，在不断交互与反思中，确保生成基于民族精神传承的武术教育课程体系，这样才能够引导武术教育朝着有特色的方向进展。

（二）选择合适的切入点，引导武术教育进入新局面

切实的发挥武术教育在民族精神培养中的效能，必须要进入到细节化的状态，也就是说两者的融合必须要进入到日常的武术教育活动中去，这样才能够引导武术教育步入新局面，以便切实发挥其在民族精神培养中的效能。详细而言，在此过程中需要将关注点放在：其一，确保爱国主义教育很好地与武术教育关联起来。以我国近代史为例，这是中华民族抵抗侵略和压迫的历史，在此过程中无数的爱国人士都在努力奋斗，可能在战场上，可能在拳击场上，都可以看到他们的身影。在奥林匹克大家庭中可以看到中国的国旗，这是无数人努力的结果，在大型比赛上我国运动员获得的成绩在不断刷新，这是无数体育运动者努力的结果，这就意味着在任何的历史阶段，爱国主义精神都在鼓励着人们不断前进。因此武术教师可以关注此切入点，切实将爱国主义与武术教育融合起来。其二，可以将勇于创新的精神与武术教育关联起来。应该注意到，我国的武术运动在历经千百年的发展以后已经拥有了庞大而丰富的分支，不同的分支从诞生到发展，都在不断地创新和探索，由此才能够形成百花齐放的武术局面。因此在给学生讲述武术知识时，可以将这样的武术发展历史融入进去，积极引导学生对武术的发展愿景畅所欲言，从创新的角度讲述武术发展历史，培养学生的武术创新精神与创新意识，这样也可以实现学生创新意识和能力的

发展。其三，确保德智体并重思想与武术教育融合起来。对于武术学习者，需要理解德的重要性，如果德不好，武术技术再娴熟，也不能对于社会产生助益，相反可能对于社会造成各种不良影响。从这个角度来看，在武术教育的过程中，要将德育与武术教育关联起来，确保学生能够理解心正与武术之间的关系，让学生在武术学习中学会去尊重对手，遵守对应的准则和规范，这样就可以成为正义之风的助力，这样才能够真正地体现优秀民族精神的价值。其四，确保意志品质培育与武术教育融合起来。对于武术的发展历史进行归结，发现最早可以追溯到劳动实践，再者就是军事活动，武术中的招式有攻击性，也有防御性，并且还渗透着坚强的意志和坚定的信念。因此在实际的武术教育中，可以让学生将武术锻炼作为提升自己意志，锻炼自己信仰的重要手段，依靠这样的方式使得武术教育与民族精神之间的融合朝着更加理想的方向发展。

（三）关注理念的更新，确保构建理想的民族精神培养环境

武术教育要想切实发挥在民族精神培养中的价值，就需要实现教育理念的更新，这样才能够正确认识两者之间的关系，这样才能够形成理想的民族精神培养环境。为了实现这样的目标，就要主动做好如下几个方面的工作：第一，在进行武术课程的导入时，不宜太过生硬，应采取多种手段激发学生的学习兴趣，奠定教师武术教学的情感基调，使学生在最开始接触传统武术时就对其抱有正确的态度。在此环节中还可以融入经典英雄案例，设定对应爱国情境，这样就可以引导学生以正确的视角去审视传统文化与民族精神、武术教育之间的关系。第二，坚持有阶段性地开展武术教育工作，结合实际学情，设定不同的武术教育目标，依照对应的目标，切实采取措施，以确保学生可以在武术学习的过程中，实现基本素养和能力的发展。另外，还需要积极设定对应的武术教育规范，确保在体育锻炼的时候，可以不断实现意志品质的培养，这样学生才能更好地面对未来的挑战和困难，也就是在这样的过程中，民族精神可以更好地融入实际的武术教育中。第三，积极鼓励学生依照自己对于武术的兴趣，成立武术兴趣社团，经常组织武术文化活动，使学生可以更多接触武术文化，了解武术故事，继而不断思考武术的民族精神价值，这样就可以营造更加理想的武术教育与民族精神融合环境和氛围。

第四节　武术教育助推和谐社会构建

一、武术精神是和谐社会构建的基石

（一）武术精神重视人自身的和谐

武术精神最基本的特征是重视人自身的和谐。人的和谐度主要指的是，人作为单一的生命个体所表现出的生命力与创造力的强弱程度。和谐度越高，这说明人体的生命力与创造力越强，相对应地，人的心理、生理等机体运行状况也就越好。武术讲究人的和谐，讲求习武者内与外的和谐统一，这种和谐不仅对习武者自身具有重要作用，而且能够激发习武者的集体荣誉感以及社会责任感，提高个人精神道德底线，从而有利于社会和谐与发展。

（二）武术精神重视人际间的和谐

武术精神的源头是中国传统文化，它吸取了中国传统文化中的儒释道思想，其中以儒家思想最为突出。儒家文化自汉武帝时期"罢黜百家，独尊儒术"后，逐渐发展为官学并在中国思想史上一直占据着重要地位，成为统治者的重要思想统治工具以维护封建伦理秩序，而后进一步发展壮大，成为东亚文明的精神内核。儒家文化重视"和谐"，讲究礼节，重视法度。儒家的和谐思想仍然是社会思想的主流，在当今社会仍然具有巨大的作用，是中华文化的核心思想之一。它能调节人际关系，维护道德秩序，促进社会发展。

（三）武术精神重视人与自然的和谐

武术精神中"和谐"的内涵也包括人与自然和谐相处，这是武术精神中最主要的原则。《老子》中提到"人法地，地法天，天法道，道法自然"，他首次提出"道"的概念，将世界的本原界定为"道"，认为世界存在与发展的基础就是"道"，强调"无为"，重视万物的自然生长。孟子也提出"天人合一"的思想主张，强调"天"与"人"的和谐统一。而武术深受中华传统文化的影响，主动吸收了传统文化中关于人与自然和谐发展的思想观点，强调习武者在练武过程中要遵守自然法则。

（四）武术精神重视人与社会的和谐

武术精神重视人与自然的和谐，主要体现在"武德"这一概念中。武德对习武者的练武过程提出要求，强调习武者练武要从一而终，坚持不懈，不断增强体质，使招式熟练于心，这样才能闯荡江湖——进入社会。从社会层面来看，武德也要求习武者能够正确使用武力，不可伤害无辜之人，不可损害他人正当利益与社会共同利益，自觉维护社会秩序，推崇"除暴安良""路见不平拔刀相助"的正义武者形象。在武术文化与精神中，武德更多地要求武者站在社会奉献者的角度，帮助贫苦人民使其免受暴力威胁与迫害，从而摆脱苦难。

二、武术教育的内在价值在和谐社会构建中凸显

随着社会的变迁，武术的主要价值功用也在发生变化，如前文所述，武术出现时主要是为了满足生存与安全的需求，具有生存与安全价值，后来，面对民族危机，武术的主要价值功用变成了强身健体、抵御外敌。当下，社会环境稳定和谐，人民生活水平不断提高，人们对武术的价值目标也不再局限于以前，为此，必须重新审视武术教育的发展路径，对武术文化的内在价值进行深度挖掘，使武术文化肩负起传承弘扬民族文化的历史使命。武术文化中的和谐思想，使习武者在不知不觉间受到传统文化的熏陶与感染，让习武者在练习招式、学习武德的过程中养成民族文化品格，促使习武者的精神气质发生转变，更具正气，有利于和谐社会的发展。

武术中"天人合一"思想主要表现在以下三个方面。第一，武术参考大自然中的各种事物，尤其以动物为主要观察对象，创造出了极具自然界生物特征的招式。最典型的例子当属形意拳，简单来说，形意拳就是模仿动物活动与"心意"的拳法，比如猴拳、虎拳、豹拳等拳法。在练习该类拳法时，习武者应尽力体悟自然、感受自然、做到心与自然的合二为一。第二，武术讲求由内至外的和谐。对内，武术要求武者不断提高自身的文化修养，不追名逐利，平心静气，讲求内在德行修养与心境的和谐统一，强调心意相合、意气相合、气力相合；对外，武术对习武者练武的实施过程提出要求，讲求习武时应形神兼

备，做到肩胯相合、肘膝相合、手足相合。第三，在现代社会，武术也表现出了明显的"天人合一"思想，武术的价值内涵发生了一定程度的改变以适应新时代的发展环境，武术中一些文化糟粕被逐渐抛弃，而武术重视"和谐"思想，强调个人素质的提升，重视仁义礼智信等传统文化观念，这都有利于整个社会向着和谐社会的目标迈进，都有利于提高国家文化软实力，建设具有中国特色的社会主义文化强国。

武术文化中蕴含的和谐思想具有重要的实用性价值。众多历史事实证明，武术能够促进政治局面的稳定以及社会生活的有序进行，武术能够激发习武之人内心的正义之气、民族自尊以及民族自豪感，古代习武之人常常怀有报效祖国、守卫山河的豪情壮志。武术本就具有合理利用资源的内部要求，以现代社会的眼光来看，武术应通过充分利用周边资源的方式，发展武术相关产业，组织武术表演，加大武术文化的宣传力度，拓宽武术的推广渠道，普及武术知识，让普通人都能领略到武术文化的魅力。武术文化对社会各个领域具有广泛影响力，它由中国传统文化发展而来，又反过来促进中国传统文化的发展，为社会和谐提供了一条发展思路，武术教育所具有的内在价值，要求当今社会必须要重新审视并深入挖掘武术文化的精髓，使之为构建和谐社会、弘扬中华民族传统文化等贡献出自己的力量。

三、和谐社会为武术教育的发展提供外在机遇

在我国，构建和谐社会与发展物质与精神文明是和谐统一的。和谐社会的建成能够为武术教育提供物质、精神等各方面的外部条件。构建和谐社会是发展物质与精神文明的重要保证，发展物质与精神文明是构建和谐社会的物质基础。社会主义和谐社会的本质是民主法治社会，中国现代化建设的相关政策、方略等规定了社会的法治最终也将走向法治社会。法治的实施是为了维护现代社会的和谐发展与运行，充分尊重民意、听取群众意见，通过法治手段，实施民主决策，以此来解决各种社会矛盾，促进解决人民日益增长的美好生活的需要同发展不平衡不充分之间的主要矛盾。我国的社会主义法治原则为有法可依、有法必依、执法必严、违法必究，法律的实施具有强制性，这就为和谐社会的建成提供了强有力的保障与现实基础。

社会主义精神文明建设为构建和谐社会提供精神支持，加强精神文明建设有利于促进社会的公平正义、诚信友善风气的形成，有利于维护社会和平安

定，促进人与自然和谐相处，有利于实现可持续发展。

在我国，文化建设与经济、军事等领域的建设相比，还存在一定差距。文化建设关系到我国软实力的建设，关系到我国文化、价值、制度等方面的国内外影响力。目前，我国正处于改革攻坚的关键时期，在实际的社会运行中还存在着阻碍民主法治社会建设的问题，比如信任危机、道德困境等，对此，应坚持目前的治国方略，以法律法规的强制性为保障，将法治与德治相结合，使现行思想体系适应当前社会主义市场经济。要重视德治，振奋国民精神，传播积极进取的价值观念，培养坚强勇敢的民族品质，增强民族凝聚力与归属感，以此实现和谐社会的不断前进以及国家文化软实力的不断提升。

中国拥有几千年的历史，传统文化源远流长、内涵丰富，作为传统文化的组成部分，武术文化也拥有发展与进步的巨大潜力，和谐社会的构建为武术文化的发展壮大提供了先决条件与多重机遇，因此，要实现武术教育的现代化就必须抓住各种发展机遇，充分挖掘武术价值。

第五节　武术教育促进个体发展

一、武术教育促进个体智力发展

智力是人的一种综合性认识能力，是指人认识、理解、解决问题的能力。智力是一种精神能力，具有生物一般性。动物也有智力，是指其适应环境、改变环境的能力，此处主要讨论人的智力。智力包含的心理要素有注意力、观察力、思考能力、记忆能力等。智力发展的影响因素有内因，也有外因，主要包括遗传基因、受教育程度、个人努力以及环境等。

发展智力，从字面上来理解，就是智力的发展。具体来说，发展智力指的是，为训练大脑各部分功能，有序地刺激大脑，通过计划性、科学性的训练的手段，来实现大脑功能的有效提升。大脑功能的完善与增强是智力发展的实质，其根源是有计划有组织的刺激。智力表现为大脑对信息的接收、分析、传递、储存等过程，这些过程也是大脑的基本功能表现。智力在武术训练中也占据了重要地位。武术运动对人体各种机体因素都有较高的要求，不仅包括体力、耐力、心理等，而且也要求习武者拥有一定的智力水平。武术的训练与实战对智力水平有一定要求以适应过招时的动作反应，相应地，武术的训练与实战过程也会提高习武者的智力水平，对学生来说，武术不仅可以增强身体素质，还可以促进其记忆力、注意力等智力因素的提升。

（一）提高注意力

人在面对事物时，对其产生的心理活动以及集中程度的能力是不一样的，这种能力就被称为注意力。判断一个人注意力集中与否，主要从四个角度判断分析，包括注意力的稳定性、分配性、转移性以及广度。注意力在武术的训练与实战中占据着重要地位，对武术比赛的结果具有重要的影响。因此，武术的实战与训练过程也对注意力提出了具体要求：在实战中，时刻关注对手的动态变化，同时也要关注比赛的走向变化，毫无杂念地参与实战；在训练过程中，习武者反复练习招式，既要保证记忆能力又要得其要领，比如力度、气势等，协调机体各个部分，从而实现对教学招式的完美呈现。武术对习武者注意力的要求也反过来促进习武者自身注意力的提高，因此在武术教育中，对学生的注意力训练十分重要。注意力训练的方法比较多样化，例如，运用少林拳的"冥想"，运用太极拳的"无思无意"等都能够在一定程度上提高学生的注意力。

（二）提高记忆力

武术教学实践活动对学生记忆力有一定的要求。记忆力，即认识、储存、再认识以及输出信息的过程，其中输出信息的完整程度以及达意效果是评价记忆力的两个重要的标准。武术训练中的记忆内容具有精细且广博的特点，习武者不仅要大量记忆掌握武术招式中的各种套路、程式，还要掌握眼神、角度、姿态等具体细致的标准。武术散打中需记忆的招式内容相对较少，但战术以及实战经验等内容也要求习武者具有良好的记忆能力。武术教学活动中也有一些针对学生记忆力的训练，这些训练方法都能够提高学生的记忆力。

（三）提高观察力

武术教学的知识传授与实战演练阶段对学生的观察力具有一定的要求。观察力也属于智力的组成部分，是指个体通过眼睛、鼻子等感官器官对事物信息的获取能力。一般情况下，眼睛是观察过程中用到最多的感官器官。教师在进行武术招式以及套路传授阶段，主要用讲解与示范的教学方法。在此过程中学生的观察力直接影响着课堂教学效果。在教学的实战演练中，也需要学生具有较强的观察能力，沉下心来，抓住对手的小破绽以实现见招拆招。通过教师对武术招式的讲解与要领的传授，也能反过来训练学生的观察力。

（四）发展思维力

武术教学对学生的思维力具有一定的要求。思维力是智力的核心，支配智力的一切活动。思维里包括对信息的理解分析能力、概括推理能力、判断论证能力等，属于综合性的智力类别。在武术教学活动中，提高学生思维力的途径主要有两种：第一，增设情境问题。这种方法主要作用在于引导学生进行积极的思维活动，待教师加以点拨后，还能够引导学生调整思维的方向与重点，有利于学生实现有效的思维活动。第二，培养战术意识。培养战术意识能够促进战术能力的提高。实践出真知，积极参与战术训练能够有效促进战术意识的增强、战术能力的提高。常见的武术战术训练主要是包括掌握、学习军事与谋略知识。这都有利于学生思维能力的提升。

二、武术教育促进个体道德素质发展

（一）培养忠诚品德

忠诚即对所服务对象奉献真心，一心一意。忠诚的概念有广义与狭义之分，其外延也随着历史时代的发展而有所不同。在古代，忠诚主要指的是奴仆对主人的忠心、臣民对君主以及江山社稷的忠心等。当下，忠诚主要指的是官员对人民的忠心、民众对国家的忠心、个人对他人的忠心等。从个体与集体的角度来说，集体包括社会群体、国家等多种形态，而个体对集体的忠诚也就是将集体利益与国家利益置于个人利益之上，比如自古流传至今的"僵卧孤村不自哀，尚思为国戍轮台""国家兴亡，匹夫有责"等，这些表达忠诚的诗句历经千百年不衰，一直为仁人志士所传唱。从个体与其他个体的角度来说，人与人之间的忠诚就是设身处地为他人着想，关心、爱护、尊重他人，甚至能够为他人付出生命。

忠诚在中国传统文化品格中占据着重要地位，属于公共道德规范，是个人与他人、集体、社会之间的关系处理的基本范式。在武术教育中，忠诚也发挥着重要作用，为武德的重要组成部分。忠诚作为一种外源性道德，融入武德，是武术教育中一项非常重要的教学内容。武术教学中，教师经常会向学生灌输忠诚的习武思想，讲说习武之人忠诚的有益之处以及不忠诚的弊端，提倡忠诚、蔑视不忠诚，运用具有忠诚品质的典型人物事例，以其为榜样，能够促进学生忠诚品格的养成。武德教育中包含了忠诚道德教育的内容，武术中包含的千百年来的仁义道德教育传统有利于学生忠诚品格的培养。

（二）培养诚信品德

"诚信"是"诚"与"信"的结合，"诚"就是要做到真实，不仅对他人要真实，对自己也要真实，不欺骗他人也不欺骗自己；"信"就是要做到知行合一，不轻易许诺，许下的诺言要全力兑现。"诚信"要求人们诚实守信用，用至诚至真之心对待他人与自我。

对武术来说，诚信同忠诚一样，也属于外源性的道德规范。诚信的价值观念早已成为中华民族品格的组成部分，武术从中华民族传统文化发展而来，受中国传统文化的影响，诚信也成为武德重要的组成部分，武德要求习武之人讲诚信，同时诚信也是武术评价体系中一个重要的评价要素。《咏春白鹤拳·拳谱》曰："不信者不教，无礼者不教。"精武会《会章》上刻有："精武之言行：坐言起行，证从事实；精武之守信：一言诺，重于订诺。"这些史料记载足以说明诚信在习武之人心中的重要地位，甚至于一些门派将诚信作为招收弟子的标准之一。

武术教育能够促进学生诚信品质的培养，重诚信的武术道德传统对习武之人具有一定的约束力，在武术文化的熏陶下，能促进学生提高自己的诚信道德底线。教师在武术教学过程中，运用武术界诚信楷模的事例，能够激发学生内心向真向善的动力，以前辈们为榜样，不断完善自我。武术诚信教育不能走"纸上谈兵"的路子，要善于从小事与日常生活中引导学生增强诚信意识，为此，教师应树立榜样，诚实守信，加强诚信宣传，在不知不觉中增强学生的诚信意识。

（三）培养责任品格

责任包括履行责任与承担责任两部分，具体指的是个体处于社会中应完成之内容与未履行分内之事时应该承担的损失。一个人的责任意识并不是与生俱来的，必须接受责任教育以后才能拥有，责任是个体处于社会活动中必须具备的一种道德品质。责任教育指的是，借助一定的手段、方式培养受教育者的责任意识，在教育过程中必须向其明确他在社会生活中应承担的任务与职能，督促其做到分内之事并实现个体的社会价值。责任教育主要包括培养责任意识、激发主动情感、增强落实能力、落实责任行为等过程。

武术历来重视对习武之人的责任教育，武术教育也将责任教育作为教学的重点内容。教师在武术教学过程中重视学生责任意识的培养，通过宣传武术名士富有责任感的典型事例，引导学生走向积极、正确的责任道路，利用增设情景等方法，能够使学生深入了解履行于承担责任的必要性以及未能及时履行责任的危害，强化学生的责任动机。武术教育中一直宣传仁爱、自尊之心，以传统武术文化中的"惩恶扬善"思想为代表，武术常常教导习武之人要有良心、正义之心、同情心、羞耻心等，这些情感教育有利于激发学生的责任情感。武术教育还能够促使学生落实责任行为，武术教育有时采用强制性手段，督促学生养成良好的行为习惯，以此为自己的学习与生活负责。

(四) 培养尊敬素养

尊敬的要求是尊重长者、敬重崇高者。尊敬是中国传统美德的组成部分，中国自古以来就有"尊老爱幼""尊师敬长"等传统观念。尊敬的对象包括前辈、父母、老师等。作为子女，要对父母持尊敬态度、行尊敬之事，在语言、行为、理解等方面表现敬意，以此来报答父母的生养培育之恩，尽自己的孝道；作为学生，要对老师抱有尊敬之心，尊敬老师的辛勤付出与劳动成果，认真学习，不辜负老师为学生学业做出的努力；作为后辈，绝大多数人拥有的人生智慧以及生活经验都比不上前辈，前辈是个人在人生道路上的引导者，是摸着石头过河的先驱者，为表达对生命的尊重，也为了维护传统文化与社会秩序，必须要对前辈怀有尊敬之心。在中华民族的历史长河中，存在着许多尊师敬长、孝敬父母的楷模，对此应进行大力宣传，激发并增强现代人内心的尊敬素养。

在传统武术文化中，尊敬素养同忠诚、诚信品格一样，属于外源性道德。在中国古代，武术人才的培养需要耗费大量的人力、物力、财力，而习武者由父母抚养，这部分经济压力就由其父母承担。在习武过程中，父母又给予习武者一定的精神支持。父母的支持对习武之人的成功起了很大的作用。因此，孝敬父母、尊敬父母是武德应有之义。与此同时，武术学习离不开武术教师的指导，古代习武之人拜入门下后随着师父学习武术招式以及做人的道理，武术指导者对于习武之人技法的成熟以及人格的发展具有重要的作用，因此，尊师敬长也是武德应有之义。

武术教育教学过程中，武术重视培养尊敬品德的传统能够在学生的学习环境中形成一种尊师敬长的氛围，教师设立培养学生尊敬品德的教学目标，通过讲解武德的内容以及传统武术的礼仪规范等途径，潜移默化地增强学生尊敬他人的意识，借助武术名士尊重他人的事例，在师生以及学生之间形成一种重视礼节、尊重他人的共识。这些举措都有利于培养学生尊敬的品德素养。

（五）培养礼仪素养

自古以来，人们就非常重视礼仪规范的制定与执行。"礼仪"由"礼"和"仪"组成。"礼"是约束社会公众的一种行为规范与模式，其制定原则是社会大众普遍认同的道德观念，"仪"主要指的是人的仪态仪容等，它更多的是对社会公众行为举止的约束。"礼"在人类发展史上出现时间较早，最开始的"礼"是为祈福而设置的祭祀仪式。在中国，随着社会的进步以及时代的变迁，"礼"的意义也逐渐地发生了改变。最早时期的"礼"也就是人类发展史上最初的"礼"。《说文》中提到："礼，履也。所以事神致福也。"在此处可以看出，"礼"在最开始还只是处理人神关系的一种仪式与规范。再到后来，"礼"发展成为一种制度规范，成为约束古代民众以及管理人员的典章，在"礼"的范畴中，不同等级的人享有的权利是不一样的，"礼"对人在特定场合的穿着也是有严格规定的，这一时期的"礼"具有强制性。后来，由于强制性典章的实施，"礼"的观念已经深入人心，这时的"礼"将重点约束对象由人的外在转移到人的内心，重视提高人的道德修养水平，维护社会政治与伦理秩序。《论语·泰伯》中提到，"恭而无礼则劳，慎而无礼则葸，勇而无礼则乱，直而无礼则绞"。可以窥见，"礼"在这时对处理社会各事已经有了重要的参考价值。

在中国传统文化中，礼仪文化占据着重要的地位，而武术文化是在中华民族文化的沃土中生长起来的，所以，礼仪也是武术文化中一个非常重要的组成部分，而武德就是武术重礼仪的有力证据。武德，就是在武术学习与对战中用以约束各方的道德规范，习武之人无论技法高超与否，都要将武德的相关规定烂熟于心。因此，礼仪教育在武术教育教学过程中是必要的。

在武术教学过程中，教师应将"礼仪"作为一项重要内容，增强学生重礼的意识，贯彻落实现代社会对学生的礼仪规范要求。武术教学中的礼仪教学应该由浅而深，循序渐进。教师首先应先向学生介绍传统武术礼仪的相关基础知识，使学生了解中国传统文化、礼仪文化以及武术礼仪这三者之间的关系，比如讲述"抱拳礼"时可以追根溯源，让学生们了解到"抱拳礼"是由中国古代的"作揖礼""拱手礼"等发展而来的。然后，教师可以进行示范式教学，传授给学生规范的武术礼仪的举止要领以及姿态仪容等，并带领学生在进入招式学习之前，反复多次练习。用这种方式不仅能够提高学生的礼仪素养，促进学生人格的发展与完善，还可以传承武术礼仪知识，继承武术重礼仪的文化传统，发扬民族文化。

（六）培养坚韧意志

现代社会中，生存与竞争压力与日俱增，坚韧意志的培养对于现代人来说是非常必要的。"坚韧"由"坚"和"韧"组成。"坚"主要是指人的生命的硬度，意味着坚强、坚固等，"韧"则更多地指向人的生命的软度，意味着受到外力打压时能够做到以柔克刚，拥有水滴石穿般的勇气与耐力。"坚韧"就是要求人们在生活中既要有面对困境的勇气，又要有面对强压力的淡定从容。

武术的训练与对战都要求习武之人拥有坚韧的性格特质。万籁声对习武人具有坚韧意志品质的重要性有过精辟的论述："是以武功一道，非有坚韧不拔之志者，难得有大成功。"[①] 他把坚韧列为习武之人获得大成就的必要条件。要想达到武术招式的练习标准，就必须要提高习武者的耐力，培养坚韧的意志力。武术的学习并不是一蹴而就的，习武者在学习过程中，可能因为自身的体能素质与心理短板而对武术产生畏难心理，比如对战灵活性相对欠缺、体力不足以及害怕吃苦、受伤的心理等，这时，坚韧的意志力就会发挥极大作用，它会促使习武者勇敢地直面外界与自身的种种问题，尽力克服困难、消除阻碍。在这个过程中，习武之人坚韧品格也得以养成。

武术教育教学中要重视学生坚韧品格的培养。教师要把"坚韧"作为教学目标之一列入教学计划，在日常教学中提倡坚韧不拔的习武素养，应严格要

---

① 万籁声. 武术汇编 [M]. 北京：中国书店，1984：14.

求学生，力求学生的武术招式达标。同时教师要主动了解学生，进行细致的观察，当发现学生因种种原因而产生气馁等消极情绪时，应对学生进行积极的梳理、引导，使其走出情绪困境。

（七）培养谦虚品质

《尚书·大禹谟》中提到："满招损，谦受益，时乃天道。"自古以来，谦虚的品质就是中华民族传统文化品格的重要组成部分，是一种被圣贤称颂赞扬的美好品德。谦虚，就是不自满、虚心请教他人，有"三人行必有我师"的终生学习的心态，面对别人的批评也不愠不恼，善于从他人意见中获取有效信息，不断完善自我。自古以来，武术界人才辈出，受传统文化的影响，习武之人大多待人处事都秉持谦逊的态度。比如在对战中，赢的一方会向输的一方道一句"承让"，表面意思就是这场对战能取得胜利全靠你手下留情，实际并非如此。这也正是习武之人谦虚的表现。即使习武者的武艺高超，但若其性格飞扬跋扈、自大自满，最后也会招惹非议甚至杀身之祸，招致灭顶之灾。

在武术教育教学过程中，教师应将学生谦虚品质的培养列入武术教学目标中。通过以身作则的方式培养学生为人处世的谦虚品德，当学生对于所讨论问题有更好的解决办法时，应及时予以鼓励并虚心吸收接纳其意见。组织学生进行武术对战演练时，要主动教学生武术对战与对手相逢时的应有之举，对对手保持谦虚的态度，积极观察并取其所长来精进自己的武艺。对于出现自满情绪的学生，教师应晓之以理动之以情，使其了解自满对武术学习以及人格发展的危害。

三、武术教育促进个体身体素质发展

（一）培养健身知识与技能

传统医学与养生学与传统武术同属于中华民族传统文化范畴，传统武术的发展不仅受传统文化主流的影响，形成独特的传统武术文化品格，而且还受传统文化支流的影响，吸收其他专业学科的理论知识。传统武术的招式是以传统医学的理论为指导思想而设计的，这样设计出的招式符合人体构造与生理特征，在现如今仍然具有参考价值，符合现代的科学原理。例如，有些传统武术门派利用中医的穴位知识设置武术招式。教师进行武术教育教学时，介绍太极

拳、形意拳等基础动作，传授给学生健身知识，培养学生的健身技能。

（二）增强体力与体质

体力，是人的运动水平与能力。体力的内涵在一定程度上与体能相近，但两概念的侧重点各有不同。体力强调人体的生理机能以及运动能力，而体能强调人体的身体素质与适应能力。

学生学习武术，能够增强体质、提高体力水平。习武者练习传统武术招式能够增强身体素质与机体防御能力，能够增强机体力量、促进身体协调性、加快运动速度等，还能够提高免疫力、增强抵抗力、提高耐力等，一举多得。

体质形成的基础是遗传性与获得性，是人体综合的、相对稳定的机体特征，包括形态结构、生理功能、心理因素等多个层面，简单来说，体质就是人类机体的质量。武术教育与练习能够增强习武者的体质，主要表现在三个方面：第一，习武能够改变人的形体，武术训练涉及身体各个部位，持续性练习能够锻炼各部位的肌肉，大量的运动能够促进身体器官的新陈代谢，使皮肤变得紧致，身姿更加挺拔；第二，中国传统武术文化中贯穿着和谐思想，这在武术招式的设计与训练中也能有所体现，持续性练习能够提高身体协调度，使练习者的体态更加从容；第三，武术训练可以促进个体人格的发展，武术可以促进练习者智力、体力、道德的进步，能够培养学生的忠诚、诚信、责任、坚韧等美好品质，实现学生个体的全面发展。

（三）发展防卫格斗能力

武术的特质是技击性，这是武术最本质的特征，也是武术最基本的价值所在。原始先民为满足自身的生存与安全需求，不得不与野兽、其他人类打斗，这就是武术产生的主要原因。在现代，武术的技击价值依然存在，人们依然可以利用武术防身，保护自身安全。

武术教育有利于发挥并发展武术的技击价值。首先，武术技击能够增强学生的意志力，在武术搏击的训练中，学生要时刻关注对手的动作并试图分析对手的出招套路，这就在训练学生体力、意志力的同时，促进了学生智力、反应力、灵活度的提高。其次，武术教育能够促进学生技击能力的提高。在武术教育与教学过程中，教师会传授给学生搏击的基础知识与实战技巧，或以柔克刚的技法，或攻守兼备的套路，又或者一招制敌的直接制服方法。这些思想性与实用性并存的搏击技巧，会使学生在学习搏击技巧的过程中潜移默化地接受传统民族文化的浸润，增强学生的民族文化认同感。最后，武术教育能够提高学生格斗水平。教师在组织学生学习武术格斗课程时，不仅要使学生掌握格斗技巧，而且要让学生领悟格斗战术与策略的运用方法。武术这种实践性强的课程不能死记硬背，大多数学生只有在经历多次格斗实践后才能逐渐掌握要领，也只有经过多次练习才能增强体能储备，这都为学生提高格斗水平准备了条件。

第三章　武术教育当代价值的实现路径

在文化发展中，教育占有十分重要的地位。而作为教育价值中的一部分，武术教育价值更应该引起人们的重视。武术教育价值是武术文化得以保存、传递、改革、创新的保障。本章将主要研究武术教育当代价值的实现路径。

第一节　激发学习者个人习武动机

一、激发学习者个人习武动机的必要性

武术是一种依靠人来发展的运动，武术学习者越多，被传承下来的武术精华就越多，这是众多武术研究者都赞同的观点。正如乔晓光先生所说的：文化的兴衰与人有着极其密切的关系，拥有这种文化的人的数量直接影响着这种文化在社会中的地位。① 基于此，要想进一步传承与弘扬中华武术，就要吸引更多人参与武术运动，促使武术运动形成坚实的群众基础。

学习者参与学习活动离不开动机的驱使，可以是外部动机，也可以是内部动机，所以要想充分发挥武术教育的当代价值，首先要做的就是激发学习者的习武动机，让他们通过武术学习满足个人的某些需求，实现个人发展的目的。以前些年备受广大青少年喜爱的跆拳道为例，其就在很大程度上激发了青少年的学习动机，比如动作简单易学且实用，青少年可以很快学会并在日常生活中

---

① 邱丕相，王国志. 当代武术教育改革的几点思考 [J]. 体育学刊，2006（2）.

向他人展示，这个过程也同时具有强身健体的意义；再如服装时尚漂亮，满足了青少年爱美的心理；另外，跆拳道中蕴含着良好的道德礼仪，学习者经过一段时间的学习，形成了较高的道德礼仪素养。虽然不同学习者学习跆拳道的动机不尽相同，但他们都切实为跆拳道的发展做出了贡献。

就哲学层面而言，一切事物都处于发展变化之中，中华武术亦是如此。武术教育者应当立足武术的长远发展，从不同维度入手激发学习者的习武动机，必要时可以在保留精髓的基础上对某些武术动作进行积极的改进，以扩大武术受众，增强他们武术学习的内驱力。实际上，当前在社会中广泛推广的跆拳道与绝对正宗的跆拳道存在某些不同的地方，这种改变的目的也是更好地满足现代人的需求，为跆拳道价值的发挥创造条件。

二、激发学习者个人习武动机的措施

（一）满足不同人群对武术不同的功能需求

武术所具有的功能相当全面，除了人们熟知的强身健体以外，还包括防卫、娱乐、表演等，如此丰富的功能完全可以满足不同人群的需求。有些学习者看重武术对自身安全的保护作用，希望通过武术学习掌握防卫格斗技能，在遇到危险或其他突发状况时，能够自如地应对。有些学习者更关注武术的健身功能，他们的身体往往由于生活压力大、工作强度大等原因长期处于亚健康状态，学习武术就是为了强健自己的体魄，增强抵抗力，甚至达到延年益寿的效果。还有些学习者被武术那种独具特色的表演方式所吸引，把武术学习当作丰富个人生活的途径，在一招一式中感受中华民族传统文化。

作为武术教育者，应该明确不同人群的需求，制定针对性更强的武术教育内容，真正让他们学有所获，从而主动参与武术教学活动，成为武术的终身学习者。

（二）提高武术项目的品位及吸引力

武术教育通常围绕武术技战术、武术道德等展开，旨在让学习者掌握系统的武术动作招式，形成良好的武德。当前绝大部分高校都意识到了武术教育的重要性，开设了武术课程，以强制的方式促使学习者学习武术。在这个过程中，学校领导及体育教育者应该考虑如何增强武术本身的吸引力，让学习者愿意参与武术运动，愿意通过武术运动提升自我。如前所述的跆拳道，就具有多方面的特色，由此受到大众尤其是青少年群体的青睐，学习跆拳道不仅增强了青少年的体魄，而且提高了他们的道德素养，段位制的水平评判方式更是激发了他们学习的动力，一旦达到某种段位，他们就会形成成就感与自豪感。再以有着"富贵运动"之称的高尔夫为例，参与高尔夫运动的人一方面是为了强身健体，但更大原因还是被其高级的品位吸引，这部分人认为高尔夫运动在某种程度上彰显了他们的身份，满足了他们的心理需求。

武术作为中华民族传统文化的瑰宝，在很长一段历史时期内发挥了重要作用，然而却在现代遇到了巨大的发展阻碍，这与大众对武术的态度息息相关，在没有习武氛围的社会环境中，武术学习者的数量自然非常少。常云等认为：武术之所以很难受到现代人的青睐，最为主要的原因就是武术给人的整体印象是传统的，它没有华丽的外衣，也没有形成较高的文化品位，所以无法形成吸引力。① 在这种情况下，武术项目应以其他传统体育项目现代化发展的成功经验为借鉴，依托自身特点，形成能够满足现代人心理需求的文化品位，从而吸引更多人学习武术，成为武术的继承者与弘扬者。

（三）重视武术明星的崇拜效应

个体成长是一个较为复杂的过程，其中会出现各种各样的现象，在青少年时期，最为常见的就是偶像崇拜，这是由青少年的心理特征决定的。青少年通常根据自己的喜好选择崇拜的明星类型，如有的喜欢唱歌，则崇拜对象为歌坛明星；有的喜欢看电视剧，则追捧影视明星；有的更看重个人的职业规划，因此十分敬重企业精英；而那些对体育运动感兴趣的青少年，他们就把体育明星当作崇拜的对象。体育明星是在体育领域有着突出表现和杰出贡献的运动员、教练员，他们切实推动了体育事业的发展，因而受到人民群众的喜爱与尊敬。② 体育明星的价值体现在许多方面，如深化人们对体育文化的理解，扩大体育产业的经济效益，促使整个社会形成体育运动的风气，等等。观看体育赛事，人们无不被体育明星充沛的体能、顽强的斗志所吸引，从而对他们发出由衷的赞叹。在体育明星的积极影响下，广大民众对体育产生了浓厚兴趣，愿意

---

① 常云，慈兴强，王家忠，谢恩礼. 略论当代社会如何发挥武术的文化教育价值 [J]. 武术科学（《搏击》）（学术版），2006，3（1）.

② 王加新. 体育明星价值的社会学审视 [J]. 体育文化导刊，2006（7）.

主动参与体育运动，并由此形成了良好的体育锻炼习惯。

武术是传统体育项目的重要组成，激发武术学习者的习武动机，完全可以从武术明星的塑造入手，借助武术明星引发的社会效应，吸引更多人加入武术学习队伍，让武术教育成为一种基础性的国民教育。综观武术发展史，有许多人因习练武术而在维护国家利益方面做出了巨大贡献，他们就是那个时代的武术明星，引领着广大群众习练武术。近年来，随着影视制作的进一步成熟，一批武术明星涌现出来，如成龙、李连杰以及后起者吴京等，他们有着许多忠实粉丝，其中就不乏武术习练者。由此可以看出，重视武术明星的崇拜效应对激发武术学习动机、扩大武术学习群体有着十分重要的作用。

（四）多种途径实施武术教育以方便民众习武

武术教育面向的群体非常广泛，不仅包括在校学生，还包括社会中的普通民众以及从事某些特殊工作的人员，如安保工作者。所以，武术教育的途径应当十分丰富，以满足不同群体的武术学习需求。

1. 专门体育院校的武术教育

在专门体育院校中，武术教育具有很明确的目的，即培养高技能水平与综合素养的武术教师、武术教练员等，这部分人将在武术的未来发展中发光发热，以已所能承担相关教学、训练以及科研任务。综观目前专门体育院校的武术教育，存在着教学范围狭窄的问题，这制约了武术教育价值的实现，因此，应该以为社会培养更多优秀人才为指导思想，一方面将教学范围拓展至军警部门，致力于他们武术素养的提高；另一方面建立武术教学俱乐部，为爱好武术的非本校人员提供武术学习场所，使他们掌握武术招式，形成武术技能。以北京体育大学为例，其武术散打教研室就根据校内学生与校外人员的学习需求，成立了防卫格斗俱乐部，本校学生与校外人员可以在业余时间参与俱乐部的活动，深入学习防卫格斗的相关知识与技能。

2. 普通学校中的武术教育

就数量而言，普通学校远远多于专门体育院校，在普通学校中开展武术教育能够起到扩大武术影响、促进武术传承与发展的重要作用。基于国家政策的支持，许多具有民族特色的武术项目走进了普通学校，成为普通学校武术教育的内容。在竞技体育飞速发展的当下，传统武术对学生的影响已经超越了身体层面，而成为一种精神食粮，促进学生道德品质的提升。

3. 各种健身俱乐部中的武术教育

健身能够缓解人们的生活压力，为人们带来健康的体魄，现在社会上各种各样的健身俱乐部越来越多，包含的体育项目也越来越丰富，武术就是其中之一。今天，健身俱乐部作为武术教育的一种途径，愈发受到人们的认可，其作用日益凸显出来。

4. 道馆式武术教育

所谓道馆，就是讲经论道的场所，最初并没有传授武技的功能，随着社会发展，道馆开始承担多重职责，如宣传武术文化、传授武术技艺。以日本空手道为例，它的传播就借助了道馆，人们可以在道馆中了解空手道文化，学习空手道的各种动作。虽然道馆式的武术教育在中国并不流行，但不失为一种可行的尝试。

（五）争取让武术成为中高考的考试内容及高校的必修课

受应试教育的影响，我国学生都相当重视考试，尤其是中高考，为了在考试中取得好成绩，学生通常会花费大量时间在考试科目的学习上，如果将武术纳入中高考范畴中，那么学生武术学习的动力将大大增强。同时，大学生作为国家未来的高级人才，除了掌握必要的专业知识，还应当了解优秀的传统文化、拥有强健的身体，因此将武术设置为高校必修课也具有必要性。日本为了弘扬本民族的武术文化，已经把空手道等武技课程纳入学校教育中，要想取得良好的学习成绩，学生就必须认真学习这些武技课程。武术曾经有着极其辉煌的发展历史，这主要是因为习武是冷兵器时代人们入仕的必然选择，即只有习得一身武功，才有可能走上仕途，改变个人命运，成为保家卫国的人才。冷兵器时代一去不返，但这并不意味着武术教育失去了意义，通过武术教育培养民族精神、促进个体发展、推动社会和谐是新时代的要求，而以考试激发学生的习武动机才能更好地实现武术教育的这些价值。

（六）做好武术教育功能价值的宣传工作

大多数人对武术的认识过于片面，即仅仅把武术当作一种防卫格斗技术，学习武术的目的就是保护自己的人身安全。的确，武术是体育的具体表现形式之一，但强身健体、保护自我是其最基本的功能价值，接受过系统武术教育的人，能够感受到武术中蕴含的中华民族文化，包括传统哲理、传统美学、传统中医、传统道德等。由于对武术教育功能价值认识的不足，学习者的习武动机没有得到激发，武术学习成果不够显著。作为武术教育工作者，必须做好武术教育功能价值的宣传工作，让更多学生投身武术学习中，成为新时代的武术学习者。

首先，充分发挥武术课堂的育人作用，在课堂上向学生讲解武术的理论知识与实战技巧，促使学生认可武术教育，愿意接受武术教育，并在武术教育中提高自身素养；其次，重视榜样的力量，培养部分颇具天赋且踏实肯学的学生，让他们成为其他同学的榜样，以"活广告"的形式宣传武术教育的功能价值，引领其他同学积极开展武术学习；再次，借助信息技术搭建武术教育功能价值宣传的有效平台，如微信公众号、主题网站等，使学生可以自主了解武术、学习武术；最后，依托知名度较高的武术赛事，在赛事举办期间大力宣传武术教育的功能价值，将学习者对武术赛事的兴趣转化为武术学习的动力。

第二节　推动武术教师的专业化发展

一、教师专业化发展的内涵

（一）教师专业化

一种职业从基本形成到相对成熟需要经历一个过程，而要想进一步被认可为一种专业，还应该具有社会功能属性、完整理论与成熟技能以及自主性和组织性。

1. 专业的社会功能属性

专业往往承担着不可替代的社会功能，其他职业很难代替其发挥作用。为了确保专业社会功能的顺利实现，从业人员必须具备较高的综合素养，这种素养体现在专业能力、道德品质等诸多方面，如此，才能履行好自身的职责，完成专业任务。

2. 专业的完整理论与成熟技能

专业活动需要完整的理论指导，以确保专业发展方向的正确性，同时还离不开成熟技能的应用，以增强实践效果。所以，作为专业从业人员，首先要把各种理论知识内化于心，其次要把各项专业技能应用于实践中。

3. 专业的自主权和组织性

自主权和组织性是专业地位提升的前提、专业水准提升的保障，教师职业的专业化早在 1966 年就拥有了自主权和组织性，在国际劳工组织和联合国教科文组织发布的《关于教师地位的建议》中，有着关于教师专业化的详细解读，总结而言就是教育工作是一种专门职业，广大从业人员即教师必须扎实掌握某些专门知识，同时具备某些特别的技能，能够给予学习者针对性的指导，使他们的素养获得普遍性提升。目前，我国的教师专业化政策已相对完善，教师培养体系、资格认证机制、职称评定机制等都在为教师专业化保驾护航。

（二）教师专业化发展

教师从"普通人"成长为"教育者"的过程就是教师专业化发展，为了实现这种转变，教师要持续学习与教育相关的知识技能，努力提高自己的专业水平，形成高尚的职业道德，具备良好的从教素质，助推教育事业的发展。

对教师专业化发展内涵的理解需要从多方面入手：首先，专业通过学科专业与教育专业体现出来，教师既要掌握丰富的学科专业知识，又要储备大量的教育专业知识；其次，国家设置了专门的教师教育机构，如师范大学就是培养教师的重要场所，与之相应的还有专门的教育内容与有力的助推措施；再次，国家制定了完善的教师资格认定及相关管理制度，督促教师的专业化发展；最后，过程性是教师专业化发展的重要特征，教师只有不断学习，不断提升自我，才能成为教育的专业人才。

教育是国家发展的基石，作为教育主体的教师应致力于专业化发展，通过学习提升个人的专业化程度，为国家培养出更多优秀人才。而作为国家，也应不断改善教师专业化发展的制度，优化教师教育体系，切实增强教师的专业能力。

二、教师专业化发展的意义

（一）教师专业化发展是学生发展的需要

教育的根本目的是推动学生的全面发展，任何学校都要将学生发展作为办学的宗旨，课程改革也正是在这样的背景下开展的。传统教学存在很多弊端，其中影响较大的一点就是忽视学生的接受程度，盲目维护学科结构的完整性，教师在教学中的学科知识输出非常丰富，而被学生真正掌握的并不多。除此之外，学生表现出的学习状态较差，在大多数情况下，他们都是被动学习，消极情绪主导了学习过程。课程改革的实施就是为了改变这种情况，让教学活动的开展符合学生的认知规律，久而久之，学生将感受到学习的乐趣，学习的内驱力随之增强，他们在面对学习中的困难时，也能积极主动地解决。愉悦的学习经历还能促使学生形成正确的价值取向，让他们更加热爱生活。

作为推进课程改革的主力军，教师应转变教学观念，创新教学方式，通过自身的专业化发展实现学生的发展。基于教师的正确引领，绝大多数学生都能以积极的精神面貌投入学习活动中，教育质量的提升将成为必然。

（二）教师专业化发展是自身发展的需要

育人是教师的本职工作，这项工作不但十分艰巨而且极其浩大，所产生的社会影响也是其他任何工作无法比拟的。所谓教无定法，教师在育人过程中使用的方法不是固定的，可以是传统教学法，也可以是现代教学法，还可以是二者的结合，不管选择哪种类型的方法，都需要教师提前进行思考与琢磨。就这个层面而言，教师的工作非常烦琐，绝不仅仅体现在课堂教学中。为了完成好育人的任务，扎实的教学基本功和高超的教学技艺是教师必备的素养。

教师不应仅仅把教书育人当成工作来完成，更要把其看作发展自我、成就自我的途径。每个年轻教师在刚走向工作岗位时，都充满了热情，希望干出一番成就，随着工作内容的愈发复杂，很多教师逐渐失去了拼搏精神，认为把本职工作做好就已经足够。可以说，职业倦怠成了教师专业化发展中的一大阻碍，同时也影响了教育事业的进一步繁荣。因此，教师必须意识到专业化发展是成就自我的机会，是提升个人综合素质的重要途径，只有注重专业化发展，才能实现终身成长，从而培养出更多满足社会需求的人才。

（三）教师专业化发展是学校可持续发展的需要

学校既是学生学习的场所，也是教师专业化发展的场所，在以教师为基石的学校中，教师的专业水平直接影响着教学质量，影响着学校发展。作为学校管理者，要把教师发展同学生发展联系起来，以教师发展推动学生发展，进而实现整个学校的可持续发展。青年是国家的希望，青年教师更是学校发展中最重要的活力因子，学校管理者应想方设法为青年教师提供成长机会，一方面对他们委以重任，让他们在压力中突破自我，另一方面包容他们的过错，让他们在错误中完善自我。对于刚走向工作岗位的青年教师而言，良好的发展环境与发展机会至关重要，这是他们成为优秀教师的条件保障。

由于教师的专业化发展是一项复杂的系统工程，因此学校要做好长远规划，以各种针对性举措对教师进行培养。具体来说，可以通过校本教研的方式，把课堂教学上升到科学研究的层面加以分析，让教师深化对课堂教学的认知，以提高课堂教学质量，改善课堂教学效果。实际上，学校就是最好的教师培训基地，学校教学中出现的各种情况都是教师成长的宝贵经验，教师只有走"实践、反思、再实践"的路子，才能增强教学能力，逐步实现专业化发展的目标。

总而言之，教师专业化发展是学生发展、教师自身发展、学校可持续发展的共同要求，不论立足于哪一视角，都要促进教师的成长。在此过程中，学校的引领是教师专业化发展不可缺少的外部力量，而教师自身主动寻求个人成长则是最为重要的内部力量。高质量的教育是整个社会所追求的，其决定着人才的素质，影响着国家的未来发展，基于此，学校必须在坚持学生全面发展的基础上，着力推动教师的专业化发展，以确保达到更高的办学水平，为教育事业的繁荣做出一份贡献。

三、高校武术教师专业化发展的现状

（一）高校对武术教师专业化发展的重视度不够

在传统的高校教学中，体育这门学科的地位本身就不高，虽然在学生全面发展方针的引领下，体育教学得到了一定重视，但与其他知识性较强的学科相比，体育教学状况仍不容乐观。即便在专门的体育院校，最受重视的依然是高水平竞技体育项目，武术这种传统体育项目仅处于边缘化地位。在这种情况下，学校没有充分发挥对武术教师专业化发展的引领作用，武术教师的专业化发展进程自然十分缓慢。

（二）武术教师职称、学位较低

任教于普通高校中的武术教师大多职称、学位较低，尽管职称与学位并非

教学能力的决定因素，但也会对教学能力造成某些影响。综观普通高校中的武术教师，很大一部分是体育专业的毕业生，他们在求学期间仅对传统武术有所了解，甚至有些人是在任职之前才开始习武，因此存在基本功不扎实、对传统武术文化的内在意蕴一知半解等情况。从这个层面来说，较低的职称与学位确实影响了武术教师的专业化发展，使其严重缺乏发展后劲。

（三）高校培养专业武术教师的经费有限，影响专业化发展步伐

与发达国家相比，我国在教育经费投入方面还存在欠缺，主要表现为教育经费占国内生产总值的比例不高。教育是国家发展的基础性事业，因此必须保障教育经费的充足。由于体育学科的特殊性，用于体育教学的经费本身就不多，加之高校对武术运动的重视程度不够，武术教师的专业化发展必然受到限制。任何学科教师的发展都应该是终身的，武术教师也不例外，若始终不加大专业武术教师培养的经费投入，其专业化发展步伐将极其缓慢。

（四）偏重于培养学生的实践技能，武术教师的专业化发展被搁浅

当前，越来越多的高校将培养具有实践技能的人才当作教学目标，与之相应的课程设置也偏重与职业发展相关的科目。显然，武术教学与学生的职业发展没有直接相关性，因而出现了学校不重视、学生没兴趣的现状，在这样的教学环境中，武术教师完全没有教学的成就感，部分教师的教学热情受到影响，武术教学具有了形式主义色彩。实践技能对于学生来说固然重要，但武术学习可以帮助其了解更多的中华传统文化，有利于其一生的成长，武术教师专业化发展的搁浅，则直接影响了学生的健康成长与全面发展。

四、高校武术教师专业化发展的实施策略

（一）提高武术教师的综合素养

首先，武术教师应形成专业化发展的自主理念。专业化发展归根结底是武术教师自己的事，发展过程由武术教师参与，发展成果由武术教师享受，因此，武术教师需改变传统的"生存型"理念，建立"发展型"理念，在专业化发展中增强武术教学能力，提高武术教学水平，实现自身的良好发展。其次，注重教学实践与教学反思。武术教学并非纸上谈兵，教师在教学实践中才

能发现教学问题，发现自身存在的不足，进而通过教学反思强化教学调控能力，优化教学的整个过程，既让学生获得更佳的武术学习体验，也使自身的教学素养有所提高。最后，增强武术文化的继承与弘扬意识。表面看来，武术教学是教授学生武术招式，促使他们学会各种武术技能，但实际上，武术教学还是对中华传统武术文化的继承与弘扬，武术教师应当以此为基点组织教学活动，引导学生主动学习优秀的武术精神，弘扬优秀的武术文化。

（二）健全专业化发展的保障机制

首先，建立发展性教师评估制度。武术教师的专业化发展情况如何，需要通过专门的评估制度进行评估，肯定武术教师的专业化发展成果，指出其中的薄弱环节。对表现优异的武术教师给予奖励，对有待提升的武术教师给予鼓励，而对那些积极性不高、主动性不强的武术教师，则要采取某些惩罚措施。其次，设立教育认可制度。武术教师的教学能力应处于动态发展中，教育认可制度的优势就是督促武术教师参与学校组织的职前培训及后续专业发展培训中，以教学能力认可的方式引领武术教师积极参与各种培训活动，为专业化发展打下坚实的基础。

（三）推行武术教师入职前实习制度，强化继续教育

实习是武术教师正式教学前的重要锻炼，有效的实习能够让武术教师及时发现自身问题，并且制定可行的教学计划。鉴于青年武术教师缺乏教学经验，学校应设立专门的指导机构，负责青年武术教师的实习指导。为了增强实习效果，学校还要根据武术教学的实际情况，延长青年武术教师的实习时间，使他们拥有充足的个人成长时间。在武术教师入职后，学校应继续对他们开展教育，让他们形成终身学习的观念，将继续教育当成专业化发展的必由之路，发挥继续教育对专业化发展的积极促进作用。

第三节　强化国家层面的支持与科研工作的开展

一、从国家层面应该重视武术教育

（一）武术教育对国家有重要意义

武术教育的核心是武术文化，武术文化传承与弘扬的过程对国家发展起到了重要的推动作用。例如，武术文化促使民众形成了爱国主义精神；武术文化促使民众形成了健全的人格与坚毅的品质；武术文化促进了其他民族文化的发展；武术文化引领优秀的中华传统文化走向了国际。总之，武术是我国不可或缺的教育资源，武术教育有利于增强我国的文化软实力，提升我国的国际竞争力。

（二）武术教育需要国家的支持

学校和社会是武术教育的两个重要场所，学校武术教育更为系统，社会武术教育的专门性更强。然而，不论学校武术教育还是社会武术教育，都面临着发展困境，若国家不及时给予支持，武术教育将每况愈下。作为学校武术教育，教育目标、教育课程、课堂教学、教育评价等具有综合性，任一方面存在不合理，都会导致整个武术教育的缺陷。综观当前的学校武术教育，教育目标以培养学生的武术技能为主，教育课程一直延续传统，课堂教学更是枯燥无味，至于教育评价，有些学校甚至没有设置专门的评价系统，或者存在敷衍了事的情况，最终导致学生武术学习的兴趣不高，武术学习的成效甚微。学校武术教育的改革已经迫在眉睫，学校体育教学管理者应深刻反思武术教育的过去，立足武术教育的现在，规划武术教育的未来，清除制约学校武术教育发展的各项阻碍，拓展学校武术教育发展的空间。当然，学校的力量是有限的，国家对武术教育改革起的才是决定性作用，在国家的大力支持下，学校武术教育才能达到理想的目标。首先是经济层面的支持。与其他学科教学相比，武术教育还不够成熟，还需要通过一些实验来探求教育的合理性及其实施的有效路径，因此，国家必须提供相应的经济支撑，为武术教育的发展注入资金。其次是政策层面的支持。国家政策是推动武术教育融入学校的重要力量，学校在国家政策的支持下更有开展武术教育的底气，无需担心影响其他学科的学时。当前，已经有不少专家提出，应把武术课程列入学校必修课中，让学生先在外力作用下学习武术，而后形成内驱力。郭玉成等认为，虽然武术教育从属于体育教育，但体育教育的发展不等于武术教育的进步，只有增强武术教育开展的强制力量，让其如同义务教育一般，成为每个人所必须接受的教育，才能提高武术教育的实际效果。①

当前社会并没有形成武术习练的氛围，这说明武术教育的开展情况不理想。社会武术教育受到诸多因素的影响，尤其是外来武技的强烈冲击，极大压缩了武术教育的生存空间，人们热情地学习跆拳道、空手道等，却对中华传统武术置之不理。外来武技之所以备受欢迎，主要原因是它很早就走上了现代化进程，不论在教育理念、教育模式还是教育评价方面，都具有现代化色彩，显得十分成熟，人们的健身、娱乐、安全防卫等多种需求均得到满足。面对外来武技的强势竞争，社会武术教育应反思自身的不足之处，以现代人的多元化需求为改革的出发点，创新教育模式，使用丰富的教育方法，为人们创造极具价值意义的武术学习体验。除了与外来武技相比缺乏发展优势，社会武术教育在某种程度上也比不上学校武术教育，最为突出的一点就是没有国家强制力的推动，只能依靠武术自身的魅力以及相关机构的宣传，吸引人们参与到社会武术教育中。基于多重因素的负面影响，社会武术教育艰难地向前行走着，国家应正确审视社会武术教育的现状，为其提供必要的经济与政策支持，毕竟弘扬中华传统武术仅靠学校的力量远远不够，发挥社会武术教育的作用至关重要。

二、加强武术教育的科研工作

（一）加强武术教育科研工作的必要性

科学技术是第一生产力，国家发展与民族振兴都离不开科学技术。尤其是最近几十年，科技在各个领域的重要性日益凸显，以科学研究促进不同领域的发展已经成为共识。科学研究的目的是认识事物的运动规律与内在本质，其手

---

① 郭玉成，郭玉亭. 当代武术教育的文化定位 [J]. 武汉体育学院学报，2009（6）.

段包括调查、实验、试制等，武术教育作为一项重要的教育活动，也应借助科学研究进行完善。尤其是当前的武术教育正面临种种困境，科学研究无疑能够引领武术教育冲出困境，形成高效的教育运行机制。21世纪以来，武术教育科研取得了一定成果，武术教育的科学性有所提升，但总体状况不容乐观，因为用于武术教育的科研经费向来紧张，加之武术又缺乏竞技性，不属于奥运项目，政府部门对武术教育科研的拨款不够充足，许多需要资金支撑的科研活动进展缓慢。除此之外，武术所具有的教育价值没有被教育部门完全意识到，所以在制定相关科研政策时也没有过于向武术教育倾斜，导致武术教育科研成为一个薄弱环节。新时期，加强武术教育科研工作已迫在眉睫，以科研助推武术教育应得到落实。

（二）加强武术教育科研需要做的具体工作

通过以上对学校武术教育和社会武术教育的分析，发现二者都存在各种问题，这些问题不同程度地影响着人们对武术的认知与学习。科学研究为这些问题的解决提供了路径，如何改变社会武术教育不够成熟的状态，优化学校武术教育的教学过程与教学方法，都可以通过科学研究找到答案。以下站在科研的角度，对影响武术教育的几个关键问题展开分析。

1. 激发当代人习武动机问题

动机是人们开展某项活动的驱动力量，拥有强烈习武动机的人，才会积极主动地参与武术教育活动。武术教育科研工作者应致力于当代人习武动机的研究，以心理学知识为基础，探索不同人群的习武动机，为人们创造更多的接触武术运动的机会，让他们发现武术之美，形成武术学习的兴趣，确立武术学习的动机，为武术教育奠定广泛的群众基础。

2. 吸引"国家需要"问题

武术教育不仅要满足个人的需要，还要满足国家的需求，以争取国家层面的支持。吸引"国家需要"是武术教育科研的重点问题，是促进武术教育可持续发展的关键所在。

3. 课程建设问题

武术课程建设尚不成熟，许多关于课程开展的细节问题还没有得到解决。为此，需要以科研手段优化武术课程建设，使武术课程发挥应有的武术人才培养作用，这也是提高武术学科地位的要求。

4. 教学问题

武术教学是由诸多因素构成的完整系统，教学目的的确定、教学内容的选择、教学方法的应用、教学环境的设置以及教师与学生的态度都直接影响着教学成效。所以，武术教育科研应对一系列教学问题展开研究，从而为教学效果的优化奠定基础。

第四节　弘扬不同地区的传统武术文化

一、关东武术文化

（一）关东武术文化国际传播的史实梳理

1. "关东"地域概念的界定

在历史上，自山海关建成以后就有了"关东"的地域概念，其实际上是对山海关以东的整个地理与文化的统称。现在人们所说的关东指的是东北地区，也就是黑龙江、吉林、辽宁。关东有着独特的地域风貌，包括山系、水系、平原等，良好的自然环境孕育了质朴的人民，人民又为关东的发展奉献力量。

2. 关东武术文化形成的基本概况

关东武术文化形成于相对完整的自然地理环境之中，同时有着较为坚实的物质基础，以及区域内具有同质性的文化。在这种背景下，关东武术文化构建了独具特色的发展体系，并且呈现出鲜明的独立性。关东武术文化经历了漫长的演变过程，从古代的以实用为主，到近代的对力量、技能、智力和道德等素养的多重关注，再到中华人民共和国成立之后对强身健体、修身养性的重视，关东武术文化的内涵始终处于变动之中。不可否认，关东武术文化的形成受到社会环境的影响，如古代的游牧渔猎活动，近代的闯关东人群的迁入，改革开放以来人们文化形态意识的转变，都在不同程度上改变了关东武术文化的基调。

3. 关东武术国际传播的历史概况

就关东的人口结构而言，复杂是最大的特点。首先，复杂体现在关东的原住民方面，不仅包括满汉两族人民，还有蒙古族、朝鲜族、鄂伦春族的人民；其次，复杂体现在外来移民方面，他们有的是因故被流放的达官显贵，有的是来此闯荡的河南、山东等地的劳苦大众。在原住民与外来移民的共同作用下，关东武术文化得以形成。根据史册对关东地区的相关描述，该地的武术文化并不发达，甚至没有单独创立的拳种，所以，对关东武术文化的认知应当从庞杂的移民大军迁入开始，至此，关东地区的拳种开始丰富起来，部分拳种的知名度也相当高，如翻子拳、通背拳等。由于没有本土拳种的干扰，外来拳种在关东地区的发展环境非常好，它们在早期生根与后期传播的过程中，积极与关东的本土文化融合，具有关东文化特质的武术流派就此诞生。武术不仅传承着历史，更承载着文化，关东武术自成体系，在技击方面独具一格，并且融合了关东文化，因此在被中国民众争相传习的同时，也被外邦所侧目，许多外国人士对关东武术十分感兴趣。在关东武术的海外传播中，"八极拳"是比较有代表性的拳种，它的实用性非常强，招式杜绝花哨，以古朴、庄重著称。最初，八极拳流行于长春，后来广泛传播至整个东北地区。八极拳的传承人为霍殿阁，其是有着"神枪手"之称的李书文的弟子，由于其热爱武术，并有着认真仔细的学习态度，所以武术技艺十分高超。霍殿阁在 1927 年凭借优于其他习武者的精湛武艺打败了日本的武道高手，赢得了人民群众的赞誉，也因此被选入宫中，担任皇帝护卫队武术总教习的职位，直接负责皇帝的安全事宜。霍殿阁的侄子霍庆云也成为皇帝的御前侍卫。随着晚清的没落，中国的时局发生了很大变化，日本帝国主义实施了侵华策略，中国人民陷入水深火热之中。清朝的末代皇帝溥仪于 1932 年流落长春，霍殿阁跟随至此。虽然深处的境况十分艰难，但霍殿阁没有因此消沉，而是广泛收集门徒，将八极拳教授于他们。八极拳具有很强的实用性，传习的过程重实战、轻表演，力求让每个学习者都能切实掌握八极拳的技击技巧，进而发挥八极拳的实用功能。霍殿阁与其侄霍庆云为八极拳在东北地区的普及做出了突出贡献，八极拳作为外来拳种逐渐扬名于东北三省，成为习武之人争相学习的重要拳种。

八极拳以实战闻名，它的传承人也都有着较强的实战能力，这大大增强了八极拳的影响力，提高了八极拳在武术界的地位。除霍殿阁以外，刘云樵也是八极拳的重要传承人，刘云樵为了弘扬八极拳文化，创办了台湾"武坛"训练中心，吸引了许许多多的武术学习者，其中既包括中国民众，也涵盖了其他国家与地区的人民，八极拳由此在国际上传播开来。八极拳是关东武术文化的重要组成部分，其国际传播的历史概况可以大致反映关东武术文化对外传播的整体情况，即最早由关内传入，而后在关东地区取得长足发展，最后被传播至海外。毫无疑问，关东武术文化对外传播的难度最大，也最为复杂，因为传播过程会受到传播方式、国家发展战略、异文化学习者的接受程度等许多因素的影响。

（二）关东武术文化国际传播的历史动因探析

1. 地域因素

关东的地理结构相对复杂，毗邻的国家和地区也较多，如北部与俄罗斯接壤，西部与内蒙古相连，东部与朝鲜半岛相连，这样的地理结构为关东武术文化的国际传播创造了优越的条件。以俄罗斯为例，早在20世纪90年代，我国关东武术文化就已经传入其中，优秀的关东武术传承人被聘到莫斯科传授武术技能。关东武术文化的国际传播以地域为基础，那些与我国接壤的国家最先受到关东武术文化的影响，所以，探讨其传播的历史动因必须充分考虑地域因素。

2. 文化因素

中国传统文化的内涵非常丰富，如天人合一、中庸之道、刚健有为、自强不息等，与武术关系最密切的当属刚健有为，很多武术流派都把刚健有为确立为武术精神，所有学习者都要树立刚健有为的观念，以强健自己的体魄，为社会发展尽绵薄之力。虽然各个国家的武术精神不尽相同，但刚健有为却是共同的追求，是每个习武之人都认可的。基于此，关东武术文化在其他国家和地区的传播相对容易，不同国家和地区的人在心理上不会太过排斥这种具有中国传统色彩的武术文化。

3. 经济因素

社会的前进与发展离不开经济，武术在社会中的继承与传播同样需要经济力量的支撑，而繁荣的武术文化又助推着经济的增长。当前，传统武术文化具有的经济价值逐渐被挖掘出来，武术成为新的经济发展点。虽然发达国家与发展中国家的体育经济发展需求不同，但都希望通过体育运动增强国民体质，提高国民经济水平，为此，各国都在积极引进其他国家的优秀体育文化，我国的关东武术文化就是他们的考虑对象。在不同的历史时期，关东武术文化的经济价值存在差别，当今时代，在众多武校、武馆、俱乐部的推动下，关东武术文化创造的经济利润也有所增长，关东武术文化的国际传播前景也随之明朗起来。

（三）关东武术文化国际传播的文化价值与历史意义

1. 关东武术文化国际传播的文化价值

任何事物都有存在的意义，这也就是事物的价值。传统武术文化历经千年的演变仍然受到人们的喜爱，与其价值密不可分。关东武术以关东文化为基础，不但形成了独具特色的动作招式，而且积淀了深厚的文化内涵，在中华武术界享有盛誉。立足国际传播的语境，探讨关东武术文化价值具有重要意义。

（1）技击价值

武术最初是以技击术的形式而存在的，人们学习武术的目的就是增强自身的技击能力，从而在对抗或对战中获得胜利。在冷兵器时代，技击性是武术最显著的特征，国家注重武术的技击价值，因为这有利于维护国家的安全，普通民众也重视武术的技击价值，原因在于可以更好地争取个人利益。[①] 技击是武术的本质特性，这一点毋庸置疑，关东武术中就有很多技击性拳种，武术的技击性得到了充分体现。在八极拳的招式中，就能很明显地感受到。例如，"豁打顶肘"，该招式可以简单理解为：用拳捶打，将肘关节向前顶出，不论"捶"还是"顶肘"，都具有攻击性，都是技击的表现。[②] 再以戳脚翻子拳为例，该拳种的习练重点在下盘功夫，也就是腿与脚的功夫。在戳脚翻子拳的训练中，习武者不能把腿抬得过高，要注重步的作用，达到以步带腿的效果，至于步法，则需发挥脚的带动作用。戳脚翻子拳的每个步法都有腿的参与，因此显得十分灵活，前后左右、高低远近都可以通过步法的变换实现。关东武术的所有拳种都是武术习练者逐步摸索出来的，它们的技击价值更是在大量的技击实践中总结、提炼、加工后而形成的。

中国武术之所以被广大习练者所追捧，很大原因在于它的技击性，通过日复一日的训练，掌握武术的各种招式，形成较强的技击能力，从而在遇到突发事件时能够以较快的速度处理。当前时代背景下，关东武术中的精湛招式与精

---

① 温力. 中国武术概论 [M]. 北京：人民体育出版社，2005：33.

② 马垒，刘明龙. 浅析八极拳的发展现状与对策研究 [J]. 科技信息，2011（12）.

炼腿法完全可以应用到国家安全部门的训练中，也可以作为国际武术交流的重要内容，对于普通人来说，还能通过一些简单招式与腿法的练习，增强自我防护能力。

（2）健身价值

早在中国古代，人们就认识到了武术的健身价值，习练武术不仅能活动筋骨，而且有利于增强身体力量。民国时期，由于政治局面复杂，人们十分担心国家的安危状况，"体育救国"成为响亮一时的口号，许多仁人志士投身武术这种传统体育运动中，希望强身健体，进而保家卫国。武术属于肢体的艺术，学习武术招式，增强武术技能，就离不开对肢体的运用，这个过程人的各项身体素质都得到了锻炼。在关东武术中，各拳种蕴含着丰富的技术动作，如踢、打、靠等，习练者的身体机能通过练习这些动作不断增强，久而久之，内在气质也有所提升，真正实现了以武术提升"精气神"。

（3）经济价值

关东武术的经济价值主要体现在其习练与传播的过程中。随着关东武术技击价值与健身价值的发掘，越来越多的人开始主动学习关东武术，为此，他们专门去相关的武馆与教学机构，这种付费学习的模式就是关东武术产业化发展的成果。另外，关东武术的传播也为其自身带来了可观的经济效益，如以关东武术作为重要的体育旅游资源，借助关东武术大力发展旅游业，为当地的经济建设贡献力量。再如，举办"关东武术大赛""关东武术文化节"等活动，一方面将关东武术文化传播出去，另一方面在活动的开发与运营中找到利益点，发挥关东武术的经济价值。关东武术文化的国际传播面临着很多问题，海外华侨、华人作为国际友人，应该充分利用自身的地理优势，在其他国家和地区传播关东武术文化，具体可通过言传身教、依托新媒体平台开展网络传播等方式，海外华侨、华人在传播过程中也能获得某些经济收益。除此之外，也可以将关东武术项目纳入出国留学人员的培训中，让那些感兴趣的出国留学人员有机会接触关东武术文化，并学习正宗的关东武术招式。

（4）观赏价值

武术的观赏价值主要通过表演体现出来。在古代，人们的娱乐方式有限，武术由于动作招式较为精彩，常被搬上表演舞台，供人们休闲娱乐。如较受欢迎的"舞剑"，就是把剑术当作表演内容，人们在闲暇时刻欣赏剑术表演，陶冶情操，获得心理上的满足。中国武术在1936年就以表演的形式走向了海外，

"南洋旅行团"为当时的表演队伍，表演者大多具有扎实的武术基本功，所以他们在新加坡等海外国家的表演中获得了一致好评。现代社会，武术表演有了新的形式，其中人们的认可程度最高的就是影视表演，即以影视作品为载体，对武术招式进行表演，对武术文化加以弘扬。2015 年上映的电影《一代宗师》中就有关于关东武术的内容——八极拳传人李书文的故事，在李书文的身上，观众感受到了八极拳的精妙之处，了解到了八极拳的多重价值。《一代宗师》不仅在中国备受称赞，而且在整个亚洲也好评如潮，先后斩获了多个国内、国际奖项。不可否认，《一代宗师》向世界展示了我国优秀的武术文化，带领世界人民欣赏了关东武术的优秀拳种，凸显了关东武术的观赏价值。

2. 关东武术文化国际传播的历史意义

古代的国际交流受制于交通条件，中国在与日本交往时，就需要跨过朝鲜半岛。越海与大陆联系，成为古代国际交流的重要形式。在武术的国际传播方面，我国在先秦时代就已经小有成就，即青铜武器已传入日本，这是近年来考古工作者的重大发现。武术在日本的传播也得到了日本学者木宫泰彦的印证，根据他的研究，青铜利器作为中国的独特产物，早在 2000 多年以前，就跨越朝鲜半岛传播到了日本。随着时代的发展，中国各种功用不同的短兵器相继传入日本，在这种背景下，日本的刀剑文化也不可避免地具有某些中国传统武术的色彩。① 尤其是关东武术文化的兴盛，关东武术器械的成熟，更是影响了日本刀剑和弓箭的发展，同时为日本武道注入了新的文化因子。关东武术文化的发源地虽然是中国，但它的影响力已扩展至全世界，成为世界文化宝库中的一部分，其本身的发展方式也发生了巨大变化。与理论性较强的传统文化类型相比，关东武术文化具有鲜明的实践性，是一种独具特色的肢体文化，从诞生开始，它就处于不断的传播之中，并且呈现出从本土至国际的趋势，可以说，关东武术文化的国际传播价值巨大。当前的国际竞争不仅体现在政治、经济、军事等方面，更体现在文化方面，一个国家的文化软实力越强，综合国力也就越强。关东武术文化是中华民族优秀的传统文化，是中国社会得以前进的推动力量，是中国文化软实力得以增强的重要保障，将关东武术文化传播出去，有利于密切中国与世界其他国家的文化沟通，从而建立良好的国际友谊。基于关东武术文化国际传播的逐步深入，中国形成了较强的世界体育话语权，树立了体育大国的形象。

---

① 邱丕相，郭玉成. 武术在国际传播的历史、现状与未来 [J]. 体育学刊，2002（06）.

中华民族向来注重人的成长与发展，以人为本同样是传统武术文化的重要内涵，关东武术教育的实质就是以儒家文化为主的士人教育，是一种围绕人而开展的教育。中国传统文化之所以能够绵延不绝，教育起着不可替代的作用，关东武术文化对人多方面需求的满足，正是其教育价值的来源，人们通过学习关东武术，达到了解历史、强身健体、收获技能等目的。在过去的时代中，地域性是关东武术文化的重要标签，随着交通条件的改善，各国交往壁垒的打破，关东武术文化逐渐开拓了国际市场，让更多的国际友人有机会接触关东武术，学习关东武术，成为关东武术的传播者。为了让关东武术文化进一步发扬光大，中国还要培育丰富的关东武术人才，将他们输送到国外孔子学院或者其他教育院校中，以人才的力量助推关东武术文化的国际传播。

二、荆楚武术文化

（一）荆楚武术文化的地域阐释

关于荆楚武术的神话传说有很多，如"神农之世，削石为兵"，这证明荆楚武术的起源非常之早。另外，考古专家们在楚墓中也曾发现大量的兵器，由此也可知道荆楚武术的发端。荆楚武术的发展除了受到荆楚地区文化的滋养，还受到外来移民及其文化的影响，在这种情况下，荆楚武术呈现出三种形态，即本地武术、客家武术、少数民族原生态武术。荆楚地域曾经以繁盛的武术文化为荣，不过时代的更迭演变，让原本拳种与功法极其丰富的荆楚武术发生了失传现象，现今仍保持较强影响力的是武当武术、梅山武术等。

1. 武当武术形成的文化解读

武当武术形成于武当山地域，它以道教文化为指导，并且发展成了武当道教派系，在代代相传中，武当武术逐渐成熟，成为武当地域不可或缺的武术活动①。武当武术的主要发展环境相对封闭，为道教派系聚集的武当山，其代表人物是广为人知的张三丰，在张三丰与其弟子的共同努力下，武当武术的内容愈渐丰富，包括各种拳法、功法及器械等。武当武术的最大特点是将道家思想融入其中，注重养生，练养结合，这是其他传统武术难以企及的。

---

① 王家忠. 荆楚地域民俗武风的历史寻绎 [J]. 北京体育大学学报，2011 (11).

2. 梅山武术及荆楚少数民族武术：独特的山寨体育文化

由于荆楚地区的独特地理结构，荆楚武术形成了独特的山寨体育文化，这种文化特征主要通过梅山武术及少数民族武术表现出来。古代荆楚人身处群山之中，他们的日常生活不可避免地要与野兽作斗争，因此掌握了各种格斗本领，久而久之，便形成了相对稳定的技击能力，这就是梅山武术及少数民族武术的最初形态。当然，在梅山武术及荆楚少数民族武术的演变过程中，也吸收了其他武术的精华，融合了他们的武功形态，最终形成了独具特色的武术招式与功法①。

3. 岳家拳：军事武艺的民间传承

岳家拳为岳飞所创立。在与外敌作战的过程中，岳飞结合自身所学，逐渐摸索出了一套新的拳法，即岳家拳。在岳飞遇害后，原本在军事战争中发挥重要作用的岳家拳开始回归民间，岳飞之子岳震、岳霆在湖北黄梅将岳家拳传播开来。岳家拳虽以拳术为主，但其中也有兵器的使用，如大刀、长枪等。在创立之初，岳家拳的拳术宗旨为"进则必胜"，十分强调胜负观念，这与其多应用于实际作战密切相关，随着岳飞之子将岳家拳在民间传播，岳家拳的发展观念也发生了变化，多数民间人士学习岳家拳是为了强身健体，而非在某种争斗中取胜。现在湖北黄梅为了弘扬岳家拳，专门成立了岳飞思想研究会，与此同时，岳飞的爱国主义精神也得到了宣传。

(二) 荆楚武术文化的历史时代解读

1. 雄兵利器助楚人"问鼎周室"

战国时期，整个华夏大地处于分裂对抗的阶段，楚国在当时较为强盛，为了生产用于作战的青铜剑，楚国俘虏了一些铸剑大师，让他们将铸剑技法教授给本国的工匠。不仅如此，楚国还直接掠夺了吴越地区许多的宝剑，越王勾践剑就是其中之一。所以，楚国的青铜剑特别丰富，在现代考古中，楚墓里面的青铜剑可谓光彩夺目②。楚相吴起十分看重士兵对于国家稳定的重要作用，因此开创了征兵制，并且明确表示军中虎贲之士要有"力轻扛鼎，足轻戎马，搴旗斩将"③的能力，在这种思想的引领下，楚国士兵都积极习练武术，荆楚

---

① 王家忠. 中华武术与中国近代革命的史学研究 [J]. 沈阳体育学院学报，2015 (2).
② 徐才. 武术学概论 [M]. 北京：人民体育出版社，1996：133.
③ 周祖庠. 中华国学纂言钩玄掌中珠 源泉篇 [M]. 成都：西南交通大学出版社，2017：215.

军事武术随之得到发展。如此雄兵利器，自然助推楚人"问鼎周室"。

2. 楚汉争霸及三国武艺流传的人文情怀

项羽是秦末名将，其有勇有谋，是著名的军事大家。项羽在军事作战中秉持"有进无退"的想法，因而在充满艰难险阻的巨鹿之战中获得胜利，"破釜沉舟"的典故就此形成。后世人在遭遇困境时也常用破釜沉舟激励自己，如清代蒲松龄就以此为箴言激发自己面对困难的勇气。"项庄舞剑"的表面意思是项庄在宴会上拔剑起舞，由此可知武术套路表演在汉代就已流行开来。楚汉争霸时期，尽管时局动荡，却出现了许多有勇有谋的志士，他们身上有很多值得后人学习的地方，这种强烈的人文情怀也为荆楚武术文增添了许多韵味①。

3. 三国时期的武术文化

三国时期的战争频发，人们熟知的赤壁之战、关羽单刀赴会等都发生在这一时期。战争环境下，习武之人众多，描绘习武的著作也很丰富，《三国志》中就有关于习武的记载，如"有武艺，气力过人"，这也是我国历史上首次出现"武艺"一词。军事武艺交流随战争的频发而越来越多，各国军事家及士兵的武艺也越来越强。今天，人们置身于博物馆中，观赏那些出土于不同时期的作战兵器，似乎能够感受到当时的战争场景，体会到士兵一往无前的作战精神。

4. 荆楚长剑对后世棍法的影响

楚国人向来对击剑有着较大热情，尤其是习武之人，更是对剑有着深厚情感，"荆楚长剑"的发源地就是楚国，长剑在当时已经成为楚国兵力的象征。许多著作中都有关于长剑的描述，较具代表性的就是屈原《九章》中"带长铗之陆离兮"，所谓"长铗"指的就是楚国的长剑。另外，后世多用"奇才剑客"来形容荆楚之地，主要原因就是荆楚剑术精良的人特别多。荆楚长剑的习练与一般剑术不同，习练者的攻击重点在于对方的前臂以及执剑手，这样的攻击效果是最好的。后来，荆楚长剑还与其他武术融合，最为典型的就是棍术，戳棍法中就有双手持剑的招式，其技击效果非常好。

---

① 王家忠，左新荣，于文兵. 武艺纷呈：三国时期的军事武艺文化研究 [J]. 南京体育学院学报（自然科学版），2016，15（1）.

三、齐鲁武术文化

（一）"崇礼尚武"齐鲁武术文化的形成

提起齐鲁文化，大部分人最先想到的就是齐文化和鲁文化，很多人对齐鲁文化有错误的认知，他们简单地将其看作是齐文化与鲁文化之和，其实不然，齐鲁文化是在齐文化与鲁文化不断发展中相互交流，融合而形成的，基于此，在齐鲁文化的形成中，齐鲁武术文化也一步步将尚武与崇礼完美结合。

一方面，齐文化不仅具有兼容性还具有变通性，基于这两个特点，鲁文化很快就融入了其文化之中。首先分析兼容性，在我国古代，齐国临海，这使得其具有较高的社会开放程度，对其他文化能够给予理解与包容。其次，对齐文化的变通性进行简单分析，正是由于变通性的存在，齐文化才逐渐发展成为智者型的文化。无论如何，受到兼容性、变通性的影响，齐文化更好地将以崇尚礼乐为主的鲁文化融合进来，从而使自身武术文化体系更为丰富。

另一方面，正如我们所知，一直以来，齐文化的主要内涵就是崇尚武术，而鲁文化又倡导勇敢，这为鲁文化接受齐文化奠定了基础。以儒家思想为主的鲁文化认为"仁者必有勇"，也就是说，只有勇敢同邪恶力量作斗争的人才能称为仁德之人，突出强调了勇敢的重要性。这与齐文化的尚武精神高度重合。这里提到的勇敢实际上就是见义勇为，是勇的最高表现，也就是"大勇"，尚武是彰显"大勇"的重要方式之一。滥用武力的"小勇"是鲁文化所鄙夷的，"大勇"是其所推崇的，基于此，受到齐鲁文化影响的武术人才多表现为见义勇为。

无论如何，武术的使用应该恰当，要时刻谨记作为一项技艺，武术应该被用来阻止暴力，而不是引发暴力。基于此，武术的使用应该受到礼的约束。武术人才更应该做到德武合一，既有高超的武术技艺，又有武德。因此，崇礼尚武成为齐鲁武术文化的主要精神。

（二）齐鲁武术文化的未来发展路径

1. 注重齐鲁武术文化的均衡发展

古往今来，公平与均衡一直是我国的传统文化，著名思想家孔子曾言：

"有国有家者，不患寡而患不均，不患贫而患不安。盖均无贫，和无寡，安无倾。"① 儒家思想主要代表人物之一，孟子也同样提倡均平，他强调只有对井田进行平均分配，才能实现公平，逐步建立起财富平均的和谐社会。关于君主治国，也有思想家提出公平理念，荀子有言："以礼分施，均遍而不偏。"② 儒家思想一直将公平看作所有人都应该遵循的德行，无论是帝王，还是普通百姓，人人平等，都应该拥有公平这一基本品德。今天，公平公正已经发展成为社会主义核心价值观的构成部分。东西发展不平衡是当前齐鲁武术文化急需解决的问题，因此，齐鲁武术文化要运用"均平"这一理念实现地区的动态发展平衡，彻底解决文化交融断层问题，结合各地区的特色发展齐鲁武术文化同时寻求地区均衡发展的途径。

2. 形成齐鲁武术文化的价值名片

中国传统文化博大精深，儒家思想就是其中的精华部分，"仁、义、礼、智、信、恕、忠、孝、悌"与当前的社会主义和谐价值观有很多相似之处，所以，儒家思想能够指引现代人树立正确的价值观，形成正确的人生观。当代的中国正处于较为特殊的历史时期——转型期，作为传统文化重要组成部分的齐鲁武术文化如何应对外来文化的冲击，如何实现现代化发展，成为亟待解决的问题，而解决这一问题的有效举措就是打造齐鲁武术文化的价值名片。儒家思想是齐鲁武术文化发展中得天独厚的条件，坚持儒家思想的引领，有利于齐鲁武术文化价值名片的形成。具体而言，应以儒家思想助推齐鲁武术受众树立积极向上的人生态度，让他们在武术学习过程中养成自强不息、尚武崇德的精神品质，并践行于日常生活中。一张靓丽的价值名片是弘扬齐鲁武术文化的基础，是推动齐鲁武术文化产业化发展的重要力量。

3. 促进齐鲁武术文化的多元化发展

多元化是齐鲁武术文化发展的必然选择，这样才能最大限度激发其发展活力，释放出更多的价值。首先是大众化。齐鲁武术文化的发展离不开广大人民群众的支持，因此，必须为大众创造接触、了解齐鲁武术文化的机会，让他们真切地感受齐鲁武术的各种招式、功法，从而调动他们学习齐鲁武术的积极性。一方面在学校体育课程中增添齐鲁武术文化的内容，使学生在外力作用下开展学习；另一方面在社会营造良好的齐鲁武术文化氛围，使学生受到吸引，

---

① 李锡坤.《论语》新探 [M]. 武汉：武汉理工大学出版社，2013：303.
② 马亚中，钱锡生，严明. 诸子曰 [M]. 福州：福建教育出版社，2014：158.

自发进行学习。需要注意的是，不同年龄阶段的受众对齐鲁武术文化有着不同的价值需求，有些学习者是为了强身健体，有些学习者是为了掌握更多武术技能，所以齐鲁武术文化的教育与推广应具有针对性。其次是国际化发展。在这个"酒香也怕巷子深"的时代，齐鲁武术文化要想被更多人知晓，就要主动谋求国际化发展，通过与不同国家和地区的武术文化交流，增强自身的国际竞争力。同时，还要积极申请成为世界级非物质文化遗产，让宝贵的武术文化得到更多保护。最后是娱乐化。虽然武术本身是严肃的，但在生活压力日益增大的今天，为齐鲁武术文化赋予某些娱乐化色彩也未尝不可，这个过程需要保证齐鲁武术文化的内涵不改变、招式不篡改。例如，可以将齐鲁武术文化与旅游项目相结合，让现代人在身心放松中了解齐鲁武术文化；可以举办以齐鲁武术文化为内容的竞赛活动，使人们主动学习更多武术知识；还可以组织创新性的齐鲁武术文化主题游戏，使人们在潜移默化中加深对齐鲁武术文化的认识。

第四章　武术教育的专业化发展

目前，我国高校大都已开设了武术类课程，随着课程的更新，武术教育也向着专业化方向发展。本章将从武术教育中的基本素质、基本功以及套路这三个角度探讨武术教育的专业化发展。

第一节　武术教育中的基本素质训练

一、速度素质训练

（一）训练要点

1. 练习强度

合理的练习强度，可以提高学生的适应性。为了更加有效地提高速度能力，练习的强度应该在最大强度和最大次数之间。学生在进行速度训练的时候最好要用90%左右的速度能量来进行练习，如此，是提高速度的最佳选择，倘若降低速度就打不到原本的训练效果了。

2. 练习的持续时间和练习量

一般情况下，无论是反应速度练习，还是配对反应练习，都没有严格的持续时间限制。基本上，学生的练习时间是由自己的兴奋状态来决定的，只要兴奋状态适当，就可以进行练习。然而，在训练动作速度与频率时，有基本的时间规定，理论上的运动时间是15秒左右为最佳的训练时间，时间过长易疲劳，反而不利于训练。通常，在实际训练中，练习者还要进行 30~60 秒的腿法、拳法速度练习，这样的话也可能能够保持学生极限强度的工作状态。

练习量的控制以保持最大速度能力为准。在运动的时候容易产生疲劳，因为疲劳所导致的最大速度不能够继续保持的话，应该立即停止训练，或者转向其他项目的训练，不可一味地追求训练时间。

3. 组间休息

高强度的腿法与拳法组合是最常见的训练方式，在每组训练之后，学生要进行适当的休息，以保证体能。

（二）训练方法

1. 重复反应法

重复反应法主要用于提高学生的简单反应时间。学生通过视觉或者是听觉完成规定单一性应答动作。

2. 视觉反应法

视觉在实战和实练中起着至关重要的作用，学生一方面要利用视觉来分辨对手的进攻方向，另一方面，要凭借视觉来判断对手的进攻路线。只有明确对手的进攻动作、方向、路线，才能迅速反击对手，做出恰当的攻防动作。这一方法被称为视觉反应法，能够切实增强观察他人的反应能力，提高攻守动作的选择反应力。

3. 重复训练法

作为速度训练的方法之一，重复训练法对于提高学生的动作频率具有积极意义。所谓的重复训练法就是指在时间、难度固定的情况下，学生重复练习技术动作以提高速度的方法。事实上，这一方法除了能够训练速度之外，还有利于改善技术动作。

4. 变速训练法

顾名思义，变速训练法就是按照一定规律改变练习速度来达到速度训练目的的方法。过多地进行高强度训练不仅对于学生速度训练无益，而且还会导致学生出现"速度障碍"现象。那么在这个非常时期还采取同样的训练方式的话就可能会得到相反的结果。此时就需要采取变速训练法来进行训练，学生在利用不同速度练习的同时，无论是心理，还是生理，都会随着速度的变化而有所起伏，人体的肌肉系统、中枢神经系统就会重新地适应这种变化。可见，变速训练法是预防速度障碍的最佳方法，一方面，它带来了更多的训练形式，另一方面，它能够让学生更加轻松地完成技术动作。

5. 预先激发运动能力

为了能够更好地激发学生的体能，提高速度训练的效果，在进行速度训练之前，进行的特定的训练就是预先激发运动能力。预先激发学生的运动能力可以通过以下几种方式。

一是预先爆发性用力刺激。为了能够提高速度性练习的工作效率，在速度训练之前要进行充分调动机体的一些具体活动。

二是递减阻力训练。为了提高动作速度，通常情况下，在正式进行速度训练之前，学生还会进行负重训练，从重到轻，伴随着负重的减少，阻力也在不断降低，进而提高了学生的动作速度。

三是声响节奏导引训练。顾名思义，声响节奏导引训练就是通过声响来引导学生训练的方法。这里的声响就是指教师的掌声，掌声如同指令，一旦响起，学生便要尽快跟上节奏，进行动作练习，进而提高速度。

二、耐力素质训练

（一）训练要点

1. 训练强度

当学生的运动心率低于每分钟 130 次的时候，这样的运动负荷刺激就不能有效的发展有氧耐力，当然，心率过快也会影响人们的身体健康，一般来说，学生在进行有氧训练时，强度应该保持在最大速度能力的 70% 以下，心率最好 150 次每分钟。而在进行无氧耐力训练时，强度则最好保持在 95% 左右。

2. 持续时间

有氧耐力的训练持续时间人与人之间的时间跨度相对较大，这个要根据被训练者的运动水平来决定，一般不少于 25 分钟，比较高强度的无氧耐力训练一般持续时间为 20 秒钟左右，次最大强度的持续性无氧练习则可以维持较长时间，大约 2 分钟上下。为了增强体力而进行的周期性练习持续时间较长，一般为 10 分钟，专项练习则持续时间短，通常为 4 分钟。

3. 间歇时间

为了更好地达到运动水平的提高，在进行有氧耐力训练的时候间歇时间不应该太长，时间太长就会在后面的训练中降低机体训练能力，每当心率下降到每分钟 120 次，就可以开始下次的练习。在进行强度比较大的训练的时候，要适当地提高组间间歇的时间，从而保证经训练堆积的乳酸得以氧化，让学生的体能基本恢复到运动前的状态之后再进行下一组的训练。总而言之，应该将训练的间隙时间适当缩减，以确保机体顺利建立起与武术运动相关的机制。

（二）训练方法

1. 发展有氧耐力

增强有氧耐力的方法丰富多样，其中比较常见的是以下两种。

首先是站桩练习，具体要求如下：学生两腿扎马步，进行手部动作练习，在固定时间内推掌、冲拳同时计数。

其次是定时定距跑的要求是，在操场、马路、沙滩或者水中进行 15 分钟左右的一定距离的连续跑。

2. 发展无氧耐力

为了增强无氧耐力，人们采用了各种训练方法，其中比较有效的是坐桩练习、超套练习、冲套练习。

作为发展无氧耐力的方法之一，坐桩练习的具体要求如下：学生在练习搏斗型对抗时，一人坐桩，先后与四人轮流实战，需要注意的是，练习的局数不能低于比赛局数。

所谓的超套练习则是指多套动作的连续练习。

连续冲套练习的具体要求如下：练习者需要在固定时间内练习整套武术动作，之后间隔一段时间继续重复练习。

耐力的训练是一项复杂的任务，既要求有氧训练的能力亦需要无氧运动的高强度的训练，这样才能够获得最佳的训练效果，因此在身体进行耐力训练的时候应采取多种训练方法相结合的方式来进行科学有效的训练。

三、力量素质训练

（一）训练要点

1. 负荷强度

在真实的比赛中，学生不可能只使用拳法，或者腿法，而是各项动作灵活运用，可见，学生需要全面的力量耐力。速度力量耐力、最大力量耐力、静力性力量耐力等都是必需的。基于此，学生的负荷重量变化范围较为宽泛。练习者应该采用适应自身的一种负荷强度，运动负荷的过分增加或者减少都有可能对训练的效果产生不好的影响，所以在进行训练的时候，一定要根据科学的训练手段和有效地训练方法进行有目的性的训练。

2. 练习的持续时间

练习的持续时间会随着动作速度、负重量、练习性质等的改变而改变。一般来说，学生练习出拳、出腿的力量时，通常将时间维持在 30～60 秒之间；在发展最大力量耐力时，也就是练习抱摔、抱揉等动作，维持时间在 30 秒到 2 分钟之间。

3. 练习的间歇时间

两次练习之间所间隔的时间也会因练习时间、练习强度、练习性质的不同而不同。一般情况下，练习时间越短，间歇时间就越短，目的是让学生身体尽快到达疲劳的极限。如果练习时间较长，那么间歇时间也会比较长，这是为了使学生能够通过休息恢复到正常的运动水平。

4. 练习的速率

为了增强肌肉的耐力能力，学生通常会进行负重训练，在进行负重训练时，要保持适当的动作速度，既不能过快也不宜过慢。一味执着于动作的速率指挥降低动作功率。因此，学生在训练肌肉耐力时，应该保持一定的速率，与正式比赛速率相同。

5. 练习重复数量和组数

不同力量耐力的练习次数与组数都会有所不同，一般而言，为了达到发展最大力量耐力的最佳效果，学生会进行 80 次 4 组重复动作练习，而为了提高速度力量耐力，学生则需要进行 150 词 5 组重复动作练习。

（二）训练方法

1. 循环练习法

力量素质作为武术教育中的基本素质之一，十分重要。目前，提升学生力量素质的方法有很多，循环练习法正是其中之一。所谓的循环练习法实际上就是对速度力量、最大力量、力量耐力、综合力量等进行综合训练。在循环练习中，学生的各个部位都能够得到有效训练。

2. 重复训练法

在重复训练的时候要采用低强度，轻负荷的运动训练手段，轻负荷的腿法练习、步法练习和单支撑连续高抬腿、手持哑铃的拳法练习等，每组重复 30 次，间歇 70 秒钟左右，完成 4 组左右。

四、协调素质训练

（一）训练要点

1. 培养肌肉合理用力能力

在正式的武术比赛中，往往会有动作不协调的参与者，这主要是因为他们没有合理用力。可见，用力恰当与否关乎着武术动作的协调与完整。基于此，在日常训练中，学生应该依照所练习动作来调整肌肉的用力，紧张与松弛应该在动作的难易程度上或者需要用到肌肉的活动范围上进行调整。发展学生的调性，一般从易到难，为了帮助学生建立表象，武术教师会进行恰当的武术讲解并进行示范，在示范时，动作较慢，运动强度也比较小，同一个动作会拆分开进行无数遍讲解，以便学生能够切实体会到武术动作的发力点以及用力顺序，进而在武术练习中正确用力。在初步体验武术动作用力感觉之后，练习的速度和强度便都可以加强了，逐步增强学生的肌肉合理用力能力。

2. 掌握更多的技术动作

除了肌肉能否合理用力之外，技术动作丰富与否也影响着学生的协调素质，一般来说，学生掌握的武术技术动作越丰富，则协调性越高。在训练的过程中练习时间较长的学生应该利用自己的学识和经验不断给练习时间段的学生进行一定程度上的指导和传授一定的动作技能，而练习时间较长的同学则应该学习更多风格、更多流派的拳术和器械，来发展自己的协调能力。

3. 增大练习难度，增加技术复杂程度

武术动作练习同样也是增强学生协调能力的方法之一。学生可以通过改变原有的练习速度或者改变练习条件来训练协调能力。

（二）训练方法

1. 提高反应判断的练习

反应判断能力是武术协调素质内容之一，因此，要想提高学生的协调素

质，可以从增强反应判断能力方面入手。当前比较常见的训练方法如下：两名学生分别在背后贴上号码，在看对方号码的同时保护住自己的；两名学生一攻一防进行无规律模拟对抗；一对一打手心手背游戏训练。

2. 发展平衡能力的练习

构成武术协调素质的能力之一就是平衡能力，为了增强学生的平衡能力，就必须进行恰当的练习。障碍跑、十字变向跑、侧平衡、站立平衡、搬腿平衡等都是练习平衡能力的常见方法。

3. 发展协调能力的练习

作为构成武术协调素质的重要能力之一，协调能力在武术教育中十分重要。在武术动作训练中，能够增强学生协调能力的方法有很多，比较常用的有：立卧撑、连续侧手翻、双飞脚等。

五、柔韧素质训练

(一) 训练要点

1. 强度

在武术训练中，学生在运动间隙要进行肌肉、韧带拉伸，拉伸的力量大小、负重多少反映着柔韧训练的强度。对于学生的肌肉拉伸，在武术运动的训练之中，训练的强度一般会由学生自身的感觉作为练习强度的一个重要考量，当肌肉有胀痛的感觉时可以适当增加力量，之后维持此种强度的力量继续练习，如果肌肉有酸痛的感觉，则应该适当地减少练习力度，一旦肌肉有麻木之感，学生就应该不再练习，立刻停止训练。在利用负重训练的方法进行练习的时候，负重的负重量要稍微大一些，但是负重量最好不要超过学生最大负重量的一半。

2. 练习量

影响学生柔韧素质练习量的因素有很多，年龄、性别、关节特点等都会影响到学生柔韧素质的练习量。

3. 动作的速度

柔韧性的拉伸练习可以快速地进行，也可以缓慢地进行拉伸，并无明确的速度规定，拉伸的速度应该根据实际情况而定。在武术训练时，为了放松对抗肌，通常选择慢速拉伸，然而急速拉伸则更能反映武术竞赛特征。武术教学中，在进行柔韧性拉伸的训练的时候要将快速拉伸和慢速拉伸做一个比较好的结合，提高柔韧素质的质量，满足武术对柔韧性的要求。

4. 间歇时间

确定好间歇时间，可以使学生在身体机能恢复到一定程度之后可以进行下一项活动为准。一直以来，学生的体力充沛与否对于武术训练来说非常重要，因此，在武术教育中，武术教师十分重视学生的体能训练，全面、精细、复杂是这一训练的主要特征。然而要想切实提高学生的体能并非易事，必须要制定明确的目标、清晰的方向、恰当的方法等。学生在增强柔韧素质的同时也要注意休息以便保持体力，具体指导思路如下：首先将速度素质当作练习的中心，其次进行基础的力量练习和柔韧训练，同时将耐力素质当作保证，在训练柔韧素质时要时刻谨记提升速度的训练目的。

（二）训练方法

武术柔韧素质训练最基本的方法就是拉伸法。

1. 静力性拉伸

（1）手指、手腕

对手指、手腕进行静力性拉伸的训练方法如下：在双手五指相互接触之时，学生用力内压双手五指，保持手掌与指根背向小于或等于直角，之后再进行双手交替抓握向掌背方向拉或压。

（2）肩关节

对肩关节做拉伸主要从压肩、拉肩、吊肩入手。压肩的方法如下：两只手同时扶住一定高度的物体，多为肋木，之后弯曲身体进行拉伸。拉肩的方法如下：首先背向肋木，两手向后反握一定高度的肋木，下蹲拉肩。吊肩的方法如下杠上各种握法的悬垂、转动或反吊。

（3）腰腹部

拉伸腰腹部的方法主要有两种，一种是下腰练习，一种是站立体前屈练习。

（4）胸部

虎伸腰，跪立，手臂前放于地上，胸向下压，主动伸臂，挺胸下压。

对墙而站，距离在 40 厘米左右，双臂向上举起，挺胸抬头，尽最大可能让胸部贴墙。

（5）下肢

进行压腿训练，把腿放到一定高度，然后另一条腿站直，脚尖朝前，进行压腿，可以侧压或者后压。

前后劈叉或左右劈叉。

控腿。手扶支撑物，进行前控腿、后控腿、侧控腿。

（6）踝关节和足背部

在对踝关节和足背部进行拉伸时，跪地且保持身体呈后屈状态，与此同时，垫高脚尖，对于身体较为酸胀的部位做慢速拉伸，然后在该部位停留 7 秒左右，如此重复 7 次左右，特别注意用力时千万不要用力过猛，以免受伤。

2. 动力性拉伸

（1）手指、手腕

手指、手腕拉伸的方法如下：双手五指相互抵触，保持手掌背向与指根小于或等于 90°，之后做振动性内压。

（2）肩关节

肩部环绕，两手直臂做前后、左右及前后交叉绕环。转动肩膀，两手握绳两端，两臂前后转肩（两手握绳的距离逐渐地缩小）。

（3）腰腹部

在拉伸腰腹部时，学生首先要将两腿之间分开留有一定空隙，以便两手后伸于两腿之间，之后再进行翻腰和甩腰训练。

（4）下肢

下肢主要通过练习踢腿动作来进行动力性拉伸。在训练踢腿时，学生既可原地扶把杆，也可以在行进间练习。后踢腿、侧踢腿、正踢腿是常练习的踢腿动作。

除了踢腿之外，学生还可以通过练习摆腿来进行下肢拉伸，常见的摆腿练习有前摆腿、后摆腿、内摆腿、外摆腿。在进行动力性拉伸训练的时候应注意逐步增加动作的幅度和频率，防止拉伤。每个练习应重复 15 次左右。

第二节　武术教育中的基本功教学

一、肩功

（一）压肩

肩功是构成武术基本功的内容之一，练习肩功的第一步就是压肩，其练习方法主要有两种：第一种是个人练习，首先面对着一定高度的肋木而站，两只脚之间的间距要与肩同宽，之后用两只手抓住肋木，保持双腿和双臂呈伸直状态，最后采用适当的力度俯身向下镇压肩部；第二种方法是需要两个人互相压肩，两人相对而站，将双手分别搭在对方肩膀上，按压对方肩部。

（二）握棍转肩

学生在练习握棍转肩时，同样要保持双脚的距离与肩同宽，双手在身体前方正握软绳或者木棍，对于两手之间的距离并无明确规定，学生自行决定。将肩关节作为轴，双手握杆从身体前方绕过头部到达北部，之后再从背部绕头顶至体前，重复练习。

（三）臂绕环

1. 单臂绕环

学生保持左弓步，同时将左手放在左腿上，右臂举起与右耳相贴。

右臂分别进行前后环绕，所谓的前环绕是指右臂按照前——下——后的方向环绕，后环绕则是先向后最后向前。也可一起种方法进行左臂练习。

2. 双臂前后绕环

学生保持两脚与肩部同宽站立，同时双臂自然垂于两侧。分别做双臂正反方向绕环练习，正方向绕环指的是双臂向向前，再向上最后向下的动作练习。

3. 双臂交叉绕环

学生保持双脚开立状态，左右臂分别伸直并上举，之后双倍分别做不同方向的绕环练习，练习数次之后，双臂交换继续练习。

二、臂功

臂功主要是针对，上肢臂部专门性练习，通过各种臂部练习，来发展臂部力量，为学习和掌握拳术、器械提供必要的素质基础。练习方法主要有倒立、卧撑等。

（一）倒立

两脚前后开立，两手平行撑在地上，两手间距与肩同宽。
右脚蹬地上摆靠墙，左腿伸直协同上摆，两脚并拢或分开成倒立姿势。

（二）双臂卧撑

两手撑地，与肩同宽；两臂伸直，脚趾着地。臂部高提，目视地面。随后两臂屈肘，身体从后向下、向前移动。上体呈波浪状向上抬起。

三、腰功

武术运动中，腰是最为关键的，它是贯通上下肢体的枢纽，尤其是在完成各类动作和多变的身法变化中大多与腰有着十分密切的关系。拳谚云："练拳不活腰，终究艺不高"。在手、眼、身法、步四大要素中，腰是主宰，正所谓"腰似蛇形，眼似电"，就是要求在完成动作的过程中，腰要灵活、有力、富有变化，它是反映和体现身法技巧的关键。因此，通过腰功练习既能"活腰"以增大腰部的活动范围和灵活性，又能发展脊椎和腰部各肌肉群的力量，将对腰部的伤害降到最低。目前，在武术教育中，学生主要通过以下几种方式来练习腰功。

（一）俯腰

1. 前俯腰
学生双手呈交叉状态，双腿与双脚靠拢，举起双臂，之后向前俯身，尽可能地使掌心贴到地面，此姿势需要保持一段时间。
2. 侧俯腰
与前俯腰不同的是，学生在练习侧俯腰时，上体要左转或者右转，之后再向左侧或者右侧俯身，使掌心接触到地面并维持一段时间。

（二）甩腰

学生在练习甩腰时，需要保持开步站立，同时将双臂向上举起。将腰、髋关节当作轴线，上体反复练习前屈、后屈以及甩腰。两臂随着上体的前俯、后仰同时甩动。两腿伸直。

（三）涮腰

学生维持开步站立状态，两脚之间的距离要稍稍宽于肩部。双臂自然下垂。涮腰同样是以髋关节为轴线，保持上体前俯状态，双臂向左前下方伸出，并向前、右、后、左方向绕环。

（四）下腰

学生保持双腿分开站立，两腿距离需要与肩同宽，之后举起双臂，上体后仰的同时双手向后撑地，使身体保持拱桥状。基于此，下腰又被称为下桥。

（五）翻腰

左手立掌侧平举，右臂屈肘立掌于左肩前，两手心向左下蹲成左歇步。上体前俯，上体从右向上，向后翻转，两臂随身体转动。上体不停，上体快速向左、向下翻转，成右歇步双摆掌。

四、腿功

武术运动的诸多动作与腿功有着十分密切的关系，拳谚云"手是两扇门，全靠腿打人"，下肢腿的动作往往超过日常关节和韧带的极限，尤其以腿部动作为多。可见，对于武术运动来讲，腿功的练习尤为重要。这一基本功是为了训练腿部肌肉以及柔韧性而存在的。练习腿功的常见方法如下。

（一）压腿

压腿是学习和练习各种腿法必经的重要一步，其目的是发展腿部的柔韧性，提高髋关节的活动范围，使腿部的柔韧性和灵活性适应各种大幅度运动。以下对几种类型的压腿方法进行详细讲解。

1. 正压腿

学生在练习正压腿时通常会用到肋木，首先面对肋木而站，双腿双脚呈靠拢状态，之后将左脚跟放于肋木上，双腿绷直，上体向前屈，做下压动作。练习一段时间后，可以换成右腿继续练习。

2. 侧压腿

与正压腿不同的是，侧压腿是左右侧压腿，学生在练习侧压腿时需要侧对着肋木站立，将左脚跟放在肋木上，右腿直立以维持身体平衡，左手掌放在右胸部，右臂向上举起，之后上体重复向左侧压振。练习左压腿一段时间后，可进行右压腿练习。

3. 后压腿

学生练习后压腿时应背对肋木，双手叉腰而站，将左脚背或右脚背放在肋木上，同时绷直脚面，上体向后屈进行压振。颌触及脚尖。压至疼痛时，尽量停止几秒，反复进行练习。

4. 仆步压腿

仆步压腿就是指学生呈仆步状态而进行的压腿。首先将两腿分开，使两脚之间保持一定的距离，左腿伸直平仆，右腿屈膝全蹲，用脚掌着地，分别用两手抓住两脚外侧，练习压腿，这就是左仆步压腿，右仆步压腿则两腿动作相反。

（二）搬腿

搬腿是自身或借助外力搬压腿部的一种练习方法，其目的是发展腿部柔韧性和髋关节的活动范围，提高支撑腿的平衡能力和力量。搬腿的方法有正搬腿、侧搬腿、后搬腿三种。

1. 正搬腿

一条腿作为支撑腿，保持直立状态，另一条腿屈膝提起，同时用同侧手抱膝，另一侧的手握住脚背，然后用力将提起的腿向身体拉近。练习可时左、右交替进行。

2. 侧搬腿

侧搬腿包括右搬腿和左搬腿，以右搬腿为例，当学生练习右搬腿时，应保持左腿直立，右腿膝盖呈弯曲状态提起，用右手将右腿朝右上方搬起，此时，左臂也应该举起并亮掌。

3. 后搬腿

后搬腿难度较大，仅靠学生个人努力很有可能无法完成，这是便需要同伴的帮助。学生双手扶肋木，一条腿作为支撑腿，另一条腿在同伴的帮助下向后上方举起，同时绷直脚尖，在同伴向后压腿时，学生应该上体向后屈。

（三）劈腿

之所以练习劈腿，是为了锻炼髋关节，扩大其活动幅度，同时增强腿的柔韧度，竖叉和横叉是最常见的练习劈腿的方法。

1. 竖叉

竖叉，顾名思义，就是指腿前后分开呈一字形，学生在练习竖叉时，通常上身保持直立，向下镇压直至两腿前后分开形成一条直线。练习时左右交替进行。

2. 横叉

两手在体前扶地或两臂侧平举，两腿左右分开成直线，两脚和两腿内侧着地。

（四）控腿

控腿能体现出练习者腿部的控制力和功力。其目的是发展腿部的力量，提高腿部肌腱的收缩力和控制力，为武术套路中高举腿定型动作打下基础。控腿的主要练习方法有前控腿、侧控腿、后控腿。

1. 前控腿

右手扶肋木或一定高度的物体，侧向肋木并步站立，左手叉腰或侧平举。左腿屈膝前提，脚尖绷直或勾紧，慢慢向前上伸出，停留片刻再还原。练习可时左右交替进行。

2. 侧控腿

右手扶肋木或一定高度的物体，左手叉腰，侧向并步站立。右脚伸直，左腿屈膝侧提，左腿髋外展，左腿脚尖绷直或勾紧，向外侧伸出并控制，在空中停留片刻再还原。练习时可左右交替进行。

3. 后控腿

右手扶肋木或一定高度的物体，左手叉腰，侧向并步站立。左腿屈膝前提，脚尖绷直，向后上方伸出，在空中停留片刻再还原。练习时可左右交替进行。

（五）踢腿

腿部柔韧性的压腿和搬腿，是为了踢好腿。经常性的各种踢腿练习，可提高下肢柔韧性和腿部的力量及速度。踢腿主要有正踢腿、侧踢腿、里合腿、外摆腿、后踢腿。

1. 正踢腿

右手扶肋木或一定高度的物体，左手叉腰，并步侧向站立。右腿支撑，左脚勾起，挺膝快速向前额处踢起，然后下落还原。练习时可左右交替进行。

2. 侧踢腿

学生在练习侧踢腿时应该呈丁字步站立，肋木仍然是练习侧踢腿的工具，具体动作与正踢腿相同，只是踢腿的方向从正面改为侧面。练习时左右轮流进行。

3. 后踢腿

在练习后踢腿动作时，学生应该并步站立，一只腿做支撑，另一条腿伸直，双手扶住肋木。脚尖绷直，挺膝向后向上踢出，也可大腿后踢过腰后，膝部保持放松，用脚掌触头部。练习时左右轮流进行。

五、桩功

传统武术的桩功主要有以下两种。

（一）马步桩

双足自然分开，两脚之间的距离大约为三个脚长，双膝弯曲呈半蹲状态，两大腿微微接近水平，双脚脚尖朝前，将整个身体的中心放在双腿中间。双臂微屈平举于胸前，掌心向下，眼睛正视前方。也可双手抱拳于腰间。

（二）虚步桩

学生在练习虚步桩时，要保持两脚前后开立，同时外展右脚维持45°，弯曲膝盖呈半蹲状态，左脚脚尖虚点地面，微微屈膝，重心落于右腿上。双手抱拳于腰间，眼睛正视前方。

第三节　武术教育中的专门套路教学

一、拳术

（一）简介

纵观我国武术，凡是空手，没有任何器械或者工具辅助而进行的技法搏斗都称为拳术。中国历史上出过众多拳术名家，其中近代标志性代表人物是李小龙。

目前，我国主要将拳术划分为五类，分别为内家拳、长拳、南拳、短拳、象形拳。八卦掌、形意拳、太极拳、内家拳等都隶属于内家拳类，而华拳、六合拳、翻子拳、少林拳、戳脚等则属于长拳，南拳之所以成为南拳，是因为这一类拳术综合了我国南方各省的拳术，作为一类历史悠久的拳术，短拳又名短打，是相对于长拳而言的，其因出手较短且套路短小精悍而得名，比较著名的象形拳有鹰爪拳、醉拳、猴拳。

（二）动作解析

下面将以简化版太极拳中部分套路为例，分析动作要领。

1. 白鹤亮翅

作为太极著名招式之一，白鹤亮翅要求学生在练习时保持双臂呈半圆形，微微弯曲左膝，将整个身体的重心向后移的同时还要与右手上提、下按维持平衡。

2. 搂膝拗步

在练习搂膝拗步时，学生通常保持两脚跟相距 20 厘米。身体要时刻保持平衡，尤其是在前手推出时，保持腰部胯部放松，在练习推掌时，要做到肩部下沉，肘尖自然下垂，腕关节则应该向手背、虎口的一侧屈起，手掌自然舒展。

3. 手挥琵琶

学生在移动身体重心时，要保持胸部放松，肩膀、肘尖自然下垂，左手呈弧形由左向前、向上，右脚向前，先落下脚掌，之后再落实全脚。需要注意的是，在练习收右手、起左手动作的同时应该完成重心后移。

4. 倒卷肱

在练习倒卷肱时，学生要注意以下几点：首先要保持前推手与后撤手的移动速度一致，其次，两只手在移动时必须走弧线，前推手不能伸直，另外，在转体时，前脚应该以脚掌为轴并随之扭正，最后，眼神要遵循先看左右后看前手的原则。

5. 左揽雀尾

这一武术套路主要可以概括如下：转体撤手，收脚抱球，转体上步，弓步掤臂，摆臂后捋；转体搭手，弓下前挤，转腕分手，后做引手，弓步前按。

6. 右揽雀尾

与左揽雀尾唯一不同的是动作左右互换。

7. 单鞭

在练习单鞭时，首先应该保持上体挺直，腰部、肩部都呈自然放松状态，定势时要保持鼻尖、左手尖、足尖方向统一，另外，还要做到手与足合，肘与膝合，肩与胯合，也就是所谓的外三合。

二、剑术

（一）简介

提起武术教育，人们往往最先想到的就是拳术，很容易忽略剑术。然而从古至今，中华武术的繁荣昌盛都离不开剑术。作为众多兵器中的佼佼者，剑一直受到人们的喜爱，持剑者更是被看作行侠仗义的君子，衡量武术高低的重要尺码就是剑术。

剑的特点是轻快、灵活、多变、劲道、刚柔相济。

剑有一尖二刃，即剑尖、左剑刃、右剑刃。练剑时首先要明确这一尖二刃的概念，才能使剑法充分体现出来，否则易把练剑和练刀混淆起来。剑的作用主要体现在剑尖上，俗话说"扁为扎，立为刺"，故练剑时应把意识集中于剑尖上。要练好剑，除了要求身法十分灵活外，劲力的应用也非常重要，要有刚有柔，刚柔相济。这就要用手腕劲力的合理应用来实现。俗话说："剑法甩腕第一劲。"练剑时，腕劲须刚而不能僵，柔而不能松，掌握好甩腕的技术，使劲力透达剑尖。这样才能运用自如，把剑法充分地表现出来。

迄今为止，剑术已经具有悠久的历史，不仅形式丰富，名目同样也繁多。就单剑而言，就有长穗剑、短穗剑之分。双手剑、行剑、醉剑则是按照剑路体势来进行划分的。

（二）动作解析

下面将以绵剑中太极剑的部分套路为例，分析动作要领。

1. 并步点剑（蜻蜓点水）。在练习并步点剑时，学生应该用小指、无名指、拇指发力，将力量集中在剑尖上。

2. 独立反刺（大魁星式）。作为太极剑的套路之一，独立反刺主要可以分解为以下几个常用动作：第一个动作可以概括为撤步抽剑，一般地，人们在通过右脚后退时前脚掌先着地，脚尖一般呈 45° 向外倾斜，第二个动作是扣脚提剑；第三个动作是收脚挑剑；第四个动作是提膝反刺，左膝要与左肘相对，同时尽可能地上提，将小腿与脚掌微微内扣，右手持剑，保持手心向外，剑呈水平方向。

3. 仆步横扫（燕子抄水）。这一太极剑套路主要可以分为以下几个动作：撤步劈剑、仆步压剑、撤脚扣脚扫剑和弓步定势。

4. 向右平带（右拦扫）。主要包括收脚收剑、上步送剑、弓步带剑几个动作。

5. 向左平带（左拦扫）。同样可以简单概括为收脚收剑、上步送剑、弓步带剑。但是在收脚收剑、弓步带剑中，应该保持右手翻掌手心朝下而不是右手手心朝上，而且上步时方向应该偏左。

6. 独立抢劈（探海式）。首先将双脚并拢，旋转身体，两手相合抢起剑，其次，后脚向前迈一步，举起剑，最后，独立劈剑，在劈剑时要尽量上提左膝，为了保护裆部，脚掌、小腿呈内扣状态。

7. 退步回抽（怀中抱月）。退步提剑，剑柄高度同眼高；虚步抽剑，剑尖高度同头高。

8. 独立上刺（宿鸟投林）。转体垫步，方向正东。提膝上刺，剑尖高度比头高。

9. 虚步下藏（乌龙摆尾）。第一步：后退一步，旋转身体并摆剑，练习要点是保持右手手心向里；第二步：虚步下截，练习时需要注意两脚之间的距离维持在 10 厘米之内，右虚步向东北方向偏 30°左右，在转头目视时，保持头部偏向东南方向 45°左右。

10. 左弓步刺（青龙出水）。第一步：提剑后退，除了保持剑刃朝上之外，还应该注意剑尖的方向，将其维持在偏向左前方 30°左右的方向；第二步：扣脚转体撤剑；第三步：将剑和脚统一收回，这一步的要点在于保持右手翻掌且手心朝上；第四步：两脚分开，保持 30 厘米左右的距离，呈弓步状态，这里的弓步有严格的方向限制，朝东北方向 30°左右，这一步又被称为弓步平刺。

11. 转身斜带（风卷荷叶）。主要可以概括为以下四步：①扣脚收剑；②提膝送剑；③转体右带；④弓步定势。

12. 缩身斜带（狮子摇头）。提脚收剑；撤步送剑；丁步左带，右手翻掌手心朝上。

13. 提膝捧剑（虎抱头）。撤步送剑，合手剑刃朝上；虚步分剑；提膝捧剑，膝要尽量上提，高过水平线。

14. 跳步平刺（野马跳涧）。落脚收剑；捧剑前刺，剑的高度与胸平；跳步分剑；弓步平刺。

15. 左虚步撩（小魁星式）。第一步：收脚绕剑，学生需要注意要使用右手提剑，同时呈弧形绕过面前与左手会和；第二步：垫步绕剑；第三步：虚步左撩，此时需要注意虚步的方向，一般向西。

16. 右弓步撩（海底捞月）。与左虚步撩步骤相似，第一步：在收脚绕剑的同时还应该转体；第二步同样是垫步绕剑；最后一步是弓步右撩，此时需要保持放松状态，立身中正，肩部、臀部以及胯骨自然下垂，此外，剑尖的位置需要在手腕之下。

17. 转身回抽（射雁式）。在练习转身回抽时，首先第一步动作就是收剑，在收剑的同时扣脚转体，保持剑柄与耳朵同高，目视剑尖；第二步可以简单概括为撤脚弓步劈剑，无论是弓步的方向，还是劈剑的方向，都应该是东南方；后坐抽剑是第三步；最后一步是虚步前指。

18. 并步平刺（白猿献果）。在并步平刺之前应该承接上一招式的动作，先进行转体移步。在进行平刺时不仅要保持两腿直立，使剑与胸部同高，还要保持手心朝上状态。

19. 左弓步拦（迎风掸月）。在练习左弓步拦时，首先进行转体绕剑，紧接着做上步绕剑动作，最后进行弓步拦剑。需要注意的是在这一招式练习过程中，肩膀要自然放松，弓步始终呈东北方向，同时剑柄对着左额角。

20. 右弓步拦（迎风掸月）。所谓右弓步拦，正如其名，此套路弓步呈东南方，在练习过程中，务必要做到肩部放松，也就是沉肩，同时剑柄应该保持在与头部相同的高度，并对着右额角。这一招式的步骤可以简单概括如下：第一步撤脚绕剑；第二步收脚绕剑；第三步弓步拦剑。

21. 左弓步拦（迎风掸月）。基本动作与右弓步拦相似，需要注意的是此招式的弓步呈东北方向且剑柄对着左额角。

22. 进步反刺（顺水推舟）。在练习进步反刺时，第一步动作就是盖步收剑，在盖步收剑时要注意剑是否贴身，同时双手需要在腰间合手；第二步是高歇步后刺，此时，练习者应该将重心转移到双脚之间，目视剑尖；最后一步是弓步反刺。

23. 反身回劈（流星赶月）。主要可以概括为以下三步：①转身扣脚收剑；②提脚举剑；③弓步劈剑。

24. 虚步点剑（天马行空）。要点：点剑时，腕部用力，力达剑尖。

25. 独立平托（挑帘式）。插步绕剑，右手腕花后两手相合。转体平抹，提膝托剑。

26. 弓步挂劈（左车轮剑）。转体挂剑；弓步劈剑，方向正西。

27. 虚步抢劈（右车轮剑）。撤脚转体抢剑，上步举剑，虚步劈剑。

三、刀术

（一）简介

刀术是中华武术的主要构成内容之一。我国古代，出于实战考虑，刀术诞生，基于此，刀术没有过多的花招，具有朴实无华的特点。经过长期的发展，我国军事武器逐渐丰富起来，刀术便失去了它的作用，逐渐走向没落。事实上，刀术涵盖了丰富的招数，有强身健体之功效。近代以来我国刀术凭借其丰富的内容，成为人们增强体魄的健身方式之一。目前，仍然有很多种类的刀术留存于世，比较著名的刀术套路有朴刀、太极刀、梅花刀、青龙偃月刀等，不同的刀术练习方法不一。中华人民共和国成立后，刀术也成为武术比赛的正式比赛项目。

（二）动作解析

下面将以初级刀术部分套路为例，分析动作要领。

1. 弓步缠头

练习者须保持弓步，头部保持正直，刀体自左而右贴脊背绕行，刀体扫过脊背必须平行，做到迅速有力。

2. 虚步藏刀

右手拿刀，向右平行扫刀，借扫刀之力外旋右臂，使手心向上、刀背向后。将右脚掌作为身体支撑点，身体随着右脚跟外展向左转。右手拿刀，刀尖向地面，自后背向左侧以右腋为中心呈弧形绕刀，应使刀与脊两背相贴，绕至左肩外侧向后、向地面拉回，刀尖指前，刀刃向地面；左掌成侧立掌，平直向前推出，目光随左掌。以上动作无须停顿，应一气呵成。

3. 弓步前刺

身体略向前倾，右手拿刀，刀尖与身体右侧平行，左臂伸直自前而后、向上呈弧形绕环，绕至身后时，左手平举并成勾手，钩尖向地面，目光紧随刀尖，刀尖向前，刀刃向地面，右手向前直刺。

4. 并步上挑

以左脚位置为准，右脚随左脚站立，右手拿刀使刀上挑，刀与脊两背相贴，目光向前，左勾手与肩同宽成侧平举姿势。

5. 左抡劈

以下动作要求手脚协调、连贯进行。先以左脚为基准，右脚向左斜前方迈步，右手拿刀向左膝前方劈下，再以右脚为基准，左脚向坐斜前方迈步，并做左弓箭步，左腿屈膝，右腿伸直，右手拿刀，刀刃向上，左手贴右手肘，右手向右斜前方劈下，左臂曲肘，左手成横掌上举至头顶上方，目光注视刀尖，刀尖略微上翘。

6. 右抡劈

以右腿为身体重心，右腿屈膝微成蹲姿，右手拿刀，刀刃向地面，刀体自右斜前方向右下方抽回，继续运动，右臂外旋，绕至身体右侧，刀体由刀尖向地面变为刀背向上，左手成掌，自上而右成弧形绕至右胸前，右腿蹬直，左脚向右斜前方迈步，做右弓箭步，右腿屈膝，左腿伸直，右手拿刀向左斜前方劈下，左手向上、向左绕弧，绕至头顶时曲左手肘成横掌。刀尖微上翘。

7. 弓步撩刀

右手拿刀，右臂外旋，屈右手肘，刀尖向前，刀刃向上，提右脚向前迈步，右手贴身自身体前侧向后侧绕弧，左手成掌置于刀背，左脚向前迈步，右手向前撩刀，做左弓箭步，左腿屈膝，右腿伸直，刀尖斜向地面，刀刃斜向上。上身前倾，目光随刀尖而动。

8. 弓步藏刀

迅速扫刀，右手拿刀，刀体贴右腿，刀尖藏于右膝旁，左侧大腿坐平，右腿伸直，左右脚脚跟以及脚外侧都要贴地。

9. 提膝缠头

上身保持直立，右臂不要紧贴胸前。一腿提膝，膝部抬高，脚贴近裆前，另一腿直立，膝部挺直。

10. 弓步平斩

右手拿刀，刀尖向前，自左肋向前斩击，刀身持平，目光跟随刀尖，刀尖向前与肩、手腕平行，左手成掌自上而后平落，掌指向后。

11. 仆步带刀

右手拿刀，右臂外旋，刀尖垂向斜下方，刀刃向上，做仆步，右腿伸直，脚尖向里紧扣，左腿屈膝成蹲姿，脚尖略微向外，两脚脚跟与脚外侧贴地，上身略向左，刀尖保持斜下方垂状，刀刃保持向上，右手肘屈并向左上方移动，右手带刀回位，屈左手肘，左手成掌、拇指向地面附于刀把内侧，目光与身体右侧平行。

12. 歇步下砍

做歇步，左右腿屈膝下蹲，左前脚掌与右脚掌着地，右大腿置于左大腿之上，臀部与左小腿相贴，右手拿刀自左向右下、向前砍，将力量集中于刀体后部，刀尖向前，刀刃斜向地面，左手成掌向左，摆至上方成横掌。

13. 左劈刀

身体起立，屈左手肘，左手成掌附于右手腕收于右额头前，右手拿刀，刀背自左外侧向左后方绕行，刀尖向地面，以双脚前掌碾地为动力，促使上身向左后方旋转，左手成掌向左侧摆动，拇指向地面，右手拿刀绕行至背后，右腿略微屈膝，上身继续向左旋转，做左弓步，右脚向左斜前方迈步，右腿保持略微屈膝姿势，右手拿刀自身后向左、向前、向上劈，刀尖斜向地面，屈左手肘，左手成掌附于右手肘处，掌指向上，屈右手腕，右臂内旋，刀刃向地面，刀尖向身后。

14. 右劈刀

右手拿刀自右腿外侧斜劈，刀尖斜向地面，右腿略微屈膝，左脚向右斜前方迈步，左手成掌，附于右手腕，劈刀后，右臂外旋，屈右手腕，左掌离开右手腕，刀刃向地面，刀尖向后，目光跟随刀尖。

四、棍术

（一）简介

棍的出现，可以追溯到几千年以前，通常我们认为，棍是最早被使用的武术器械，主要起到防卫的作用。

纵观棍术发展历程，明代是其发展的鼎盛时期。在这一时期，涌现出了一批与棍术相关的作品，其中最为经典的当属《纪效新书》《武备志》以及《剑经》，此外，西山牛家棒、少林棍、紫微棍、沙家竿子、青田棍、张家棍、贺家屠钩杆等都是极具代表性的棍术。事实上，棍术套路的风格会因武术派别不同而有不同的表现，从整体上来看，虽然棍术风格迥异，但技法殊途同归。几乎所有的棍术套路都是扫棍、云棍、点棍、崩棍、劈棍等基本技法的集合。

（二）动作解析

下面将以部分刀术套路为例，分析动作要领。

1. 弓步劈棍

目光置于前方，左脚向前迈步，身体左转，做左弓步，棍把贴于左腰，两手握棍向前、向地面劈，棍梢稍高于肩膀。

2. 弓步撩棍

目光置于前方，左手转到棍中段，右手自体前做滑把动作，握住棍把，右脚向前迈步，做右弓步，将棍向前撩出。

3. 虚步上拨棍

头略微向后，左手控制棍梢使其绕头半圈，做右虚步，左脚向前迈步，右脚小迈一步，左臂平直向前摆动，手心向地面，右手靠近左腋，向左旋转身体，拨动棍梢使其向左、向上移动至与头平行的位置。目光置于棍前。

4. 虚步把拨棍

做左虚步，左脚向前迈步，右脚向前小迈一步，脚尖着地，棍把一端稍微高于头部，在头顶上方做云棍，左右手控制棍把向上、向前拨击，目光置于棍把。

5. 插步抡劈棍

两手握棍，左脚落于身体稍外侧，棍身于身体外侧成立圆绕行一圈，上右脚插左步，左手握棍做下劈，自左而右依照环形绕弧半周，右手贴近左腋下，目光置于棍梢。

6. 翻身抡劈棍

两脚固定不动，两腿做半马步，上身向后、向左移动，左手握棍向左、向地面下劈，右手控制棍把使其移至腹前，目光置于左前方。

五、枪术

（一）简介

中国古代枪术的持续传承，离不开枪谱的继承与整理。随着时代的不断发展，枪术的应用范围得到了极大的扩展，人们在徒步作战中开始频繁使用枪术。发展至明清时期，明确纪录枪法的枪谱数量丰富起来，并大力推动了枪法的传承。到了近代，随着科学技术的迅速发展，热兵器登上了历史舞台，长枪开始走向衰落。但无论如何，长久以来在传承中不断得以丰富的枪术始终是中华武术宝贵的财富，并被纳入正式武术比赛中。

（二）动作解析

下面将以部分枪术套路为例，分析动作要领。

1. 扎枪

两腿屈膝半蹲，成半马步，左脚尖与枪尖同方向，两手握枪，右手与枪杆紧贴腰间，左手螺把握枪杆中部，臂微屈，目视枪尖。

重心前移，右腿蹬直，成左弓步；同时右手向前送枪，使枪杆沿松握左手滑动，向前方平扎，力达枪尖。

2. 拦枪、拿枪

双手持枪，贴紧腰部，成半马步。

拦枪：双脚保持不动，将重心后移，左手翻腕，使枪尖向上、向前、向后绕一半径 10 厘米的圆弧。

拿枪：双脚保持不动，将重心前移，左手扣腕，使枪尖向上，向前方绕一半径 10 厘米的圆弧。

3. 挑枪、劈枪

半马步双手持枪。

左脚撤回于右脚旁，成左丁步；同时以左手为主由前向上挑起，为挑枪。

左丁步不变，枪身直立，举于头上方。左脚向前跨一大步，右脚随之靠于左脚旁，成右丁步；与此同时，以左手为主，用枪自上而下劈击。手心在举枪时朝向后方，一般情况下，人们将劈下时手心朝上的枪法称为反劈枪。

4. 点枪

半马步双手持枪于腰间。

右脚上步靠于左脚旁，成右丁步；同时右手将枪向前送，左手松握滑把至枪杆后段，两手合力上抬，使枪尖突然向下点击。

5. 崩枪

以右丁步点枪为预备姿势。

右脚后撤一步，重心移至右腿，成左虚步；同时左手松握，右手抽枪把于腰侧，近完成时，左手猛然握紧枪杆，以两手合力，使枪杆前段向上崩颤。

6. 缠枪

两脚前后开立，双手持枪于腰间为预备姿势。

右脚向前跨一步于左脚前方；同时左手松握，右手将枪略向前送，使右手持枪把于体前；以右手为主，左手为辅，使枪尖作立圆绕行。沿顺时针方向为顺缠，沿逆时针方向为逆缠。

7. 穿枪

两脚立开，阴把握枪，右手近于枪缨，左手握于枪杆前段。

右手握枪，使枪头顺腹前向右抽；左手松握滑把，重心右移成右弓步；枪撞扎于体右侧。右手屈肘向左抽枪，左手松握滑把，同时成左弓步；使枪滑于左侧前方，高与肩平。头部和上体后仰，右手转换为阳手握近枪缨处。上动作不停。右手向右抽枪；左手松握滑把，使枪头穿过喉前向右侧平刺。

8. 拨枪

两脚开立，两手持枪于身前，枪尖斜向下，离地面 20 厘米左右。

右脚经左腿后方向左插步；同时左手握枪微向枪前端滑把；右手配合用力，使枪尖向左拨动。

左脚向左移一步；同时左手握枪微向枪后端滑把；右手配合用力，使枪尖向右拨动。

第五章　武术教育的信息化发展

进入 21 世纪之后，为了能够在国际上占有一席之地，世界各国都在大力发展科学技术，众多以网络化、数字化、多媒体化、智能化为主的新技术诞生，并迅速席卷全球。同样地，武术教育也深受新时代的影响，向信息化方向发展。

第一节　信息化对武术教育的影响

一、信息化建设促进了武术教育的改革

(一) 武术教育目标和内容的改革

进入信息化时代之后，各行各业都发生了翻天覆地的变化，科学技术的进步推动着经济的繁荣。伴随着社会的进步，人们的精神需求、物质需求也逐渐丰富，为了满足人们的切实需求，同时也推动社会变革，促进生产力发展，人们必须树立起创新意识。没有创新就没有发展，创新是国家民族进步之根本，任何国家都需要创新，只有不断创新，才能在国际上享有一定地位。① 对于中华武术的传承发展来讲，创新同样重要，为了实现培养合格的新时代创新型武术传承者的教育目标，高校武术教育应该严格遵循人才培养标准，尽可能多地

---

① 贾桂云. 论创新教育与高校体育改革 [J]. 体育文化导刊, 2005 (8).

向学生传授创新知识。

　　教育内容始终要与教育目标相匹配，全新教育目标的确立，促进了教育内容的改革。在几千年的历史长河中，我国武术不断发展，不断丰富，构成了精彩纷呈的内容。基于此，人们应该根据社会发展的需要整理出与教育目标相符的教学内容，同时合理利用信息技术及时调整武术教育内容。为了提高学生的适应能力，高校的武术教育内容还应该扩大专业设置面。事实上，高校在确定武术具体教学大纲时，还需要考虑能力的培养，尤其是创新创造能力。总而言之，培养武术人才的重要前提就是确立教育目标以及教育内容。

　　(二) 武术教学理念的更新

　　从本质上来看，教学理念就是一种思想观念，它的主要作用是支配教师的教学行为。一般地，教学模式由教学理念来决定，而教学效果则取决于教学模式，可见，教学理念在教学中发挥着重要作用，基于此，高校武术教师在确立教学理念时，不仅要跟上时代的步伐，同时还要脱离传统的武术价值观念以及教学模式①。

　　1. 信息化教学理念

　　所谓的信息化教学理念，顾名思义，就是运用信息技术来开展武术教学活动的理念。

　　2. 开放式教学理念

　　在所有的教学理念之中，存在一种打破传统观念的教学理念，被称为开放式教学理念，它不仅在时间方面具有开放性，而且还打破了封闭的教学环境，做到了空间开放、资源开放。

　　3. 创新型教学理念

　　只有坚持创新，武术才能得以传承。教育理念引领着教学改革，可见创新的关键在于教育理念。因此，武术教师在教育过程中要树立起创新型教学理念，始终保持创新。

　　4. 研究性教学理念

　　除了上述几个常见教学理念之外，研究性教学理念也是比较重要的教学理念之一。这一教学理念的特殊性主要体现在，一方面，研究型教学理念摆脱了应试教学模式，不再将教师、课室当作教学的中心，另一方面，其提出了动态

---

　　① 康戈武. 从全球化视角探讨武术教育的生存与发展 [J]. 体育文化导刊，2006 (10).

教学观念，无论是教师还是学生，都必须以研究问题的观念来参与教学。

（三）武术教育形式和方法的革新

科学技术的发展，使武术教育开始朝向信息化方向发展。信息技术的应用打破了传统的武术教育模式，使教育形式开始由单一转向多元，目前，不仅出现了远程教育形式，还出现了多种教育相结合的教学形式。丰富多样的武术教育形式为学生提供了更多的选择机会。

在我国传统的教育教学中存在着严重的教学弊端：教学方法固化。但多媒体技术的到来更新了教学方法。比如：PHOTO SHOP 作为一款新时代的计算机软件，目前，已经被应用于教学之中，这款软件可以通过制作教学课件的方式将教学内容生动形象地展现出来。显然，图片与动画更能吸引学生的注意力，进而增强教学效果。另外，学生也可以在课余时间自行利用课件来进行预习或者复习，这打破了教学的时空限制，同时也提高了学生的自主学习能力。高校武术教师在讲解武术裁判法内容时，为了加深学生对知识内容的理解，可以在讲述武术竞赛规则的同时，播放武术比赛中的典型犯规动作视频，进而加深学生的记忆。高校武术教师在进行长拳技法教学时，同样可以利用多媒体技术来播放比赛视频，生动的画面更容易抓住学生的注意力，进而增强教学效果。信息技术的发展，使教学方法得以丰富，作为完成教学任务的途径，教学方法的多元化极大地提升了学生学习的兴趣，进而提高了教学水平。

（四）武术信息资源的整合

可供高校武术教师利用的信息资源来源有限，在传统武术教学中，除了固定的教科书之外，便只有图书馆相关武术书籍这一种来源。信息资源获取渠道越少，教学内容就越匮乏。网络的出现为武术教育带来了更多的资源，学生可以通过网络了解武术知识，不再受到地域的限制，随时随地都可以在网络上获取专业武术信息，实现了教育资源的共享。网络上的武术信息大多来自全国各地的体育系统，正是基于各大高校的资源共享，才造就了丰富的无数信息资源库。

二、信息化建设促进了武术网络教学的发展

（一）有利于学生信息能力的培养

作为信息时代的产物，网络在信息搜集、获取、整合方面做出了巨大贡献。将网络技术应用到武术教学中，不仅能够增强学生的学习兴趣，还能够培养学生的信息获取以及分析能力。

（二）有利于教学活动的实施

自从网络出现之后，不仅人们的生活便捷起来。同时也推动了教学的开展，尤其是协同式教学和发现式教学。与传统教学相比，网络教学更具趣味性，更能够吸引学生注意力，使学生在好奇中发现问题进而解决问题，逐步培养学生的创造力。有了网络的辅助，教学资料更新地更加及时，这为教学活动的顺利进行奠定了基础。

（三）有利于教学质量的提高

事实上，伴随着信息时代产生的网络不仅具有信息资源丰富这一优势，还拥有复杂的多媒体功能，正是这些优势的存在使教学实现了资源共享。在信息化时代，每一位学生，无论家庭如何，智力如何，能力如何，所享受到的网络信息资源都是平等的，他们都可以在网络上向他人询问武术相关问题，同时也可以查阅武术电子书，这有利于丰富学生的知识储备，拓宽学生学习的宽度，加深学习的深度，提高教学质量，进而增强教学效果。

（四）有利于武术科研工作的开展

中华武术之所以能够长盛不衰，正是因为它不断创新，始终顺应时代发展的潮流。然而创新的前提就是要充分了解武术，因此，人们要不断深入开展武术科研工作，加深对它的了解。信息技术的发展为武术科研工作的开展提供了丰富的武术信息。高校武术教师足不出户便能够在网络上查询信息，这极大地缩短了资料查询时间。显然，网络为武术科研成果的交流提供了平台，信息技术的出现提高了武术科研成果的交流效率，一方面，武术教师能够自由在网络上进行互动交流，共享研究成果，另一方面，网络能够起到辅助研究作用，科

研数据的收集、统计、分析、处理以及实验模拟等都可以利用网络技术来进行研究。可见，网络技术保障了科研结果的科学合理性。

言而总之，当前高校武术教育的发展受信息化建设影响颇深。无论是武术人才的培养，还是教学活动的顺利开展都离不开信息技术。基于此，人们必须意识到信息化建设的重要意义，抓住时代的机遇，推动高校武术教育的信息化发展。

三、信息化建设促进了武术教师队伍的建设

评价一所大学优劣的标准并非学子数量或者校舍情况，而是它的师资力量。教师作为教学的主体，是信息化教学的实施者，从这个方面来看，要想在真正意义上推动武术教育的信息化发展，就应该从教师入手，培养一批能够熟练运用现代信息技术的高素质教师。

（一）武术教师思想和观念的更新

我国人民长期受到封建农耕文化的影响，形成了保守主义思想。直至今天，这种传统思想仍未彻底消除，并且部分高校武术教师更是将这种思想观念运用到了教学之中。因此，更新教师思想观念变得刻不容缓。事实上，教育信息化建设就是转变教师思想观念的过程，为了符合时代的要求，当前武术教师在教学过程中要始终将学生当作主体，逐步培养其自身的信息化意识。

（二）武术教师的角色改变

在传统的武术教学中，学生获取知识的渠道单一，往往来源于教师的课堂讲授。然而，进入信息化时代之后，学生获取知识的渠道开始多元化，不再局限于书本教学，网络为学生提供了丰富的信息资源。这在一定程度上摧毁了教师的绝对权威形象，学生开始掌握学习的主动性，可以依据实际情况来挑选教师、学校或者学习方式，极具民主性。显然，武术教师在这类学习中更多地发挥引导作用，师生之间的关系由单纯的教学关系转变成了互相交流的关系。同时武术教师也由原来的知识传授者转变成了学生学习的引路人，即从技术型转向了研究型。

（三）武术教师的继续教育和培训

与传统的武术教育相比较而言，与信息技术相结合的高校现代武术教育具

有信息更新速度快，知识丰富等特点。为了使武术教师适应信息化教学，就必须在不断丰富教师知识素养的同时强化信息素养，要想成为一名合格的新时代武术教师，不仅要具备浓厚的武术文化底蕴，还要不断与时俱进，掌握新技术，跟上时代发展的步伐，落后于时代必将被淘汰。基于此，武术教师必须遵循终身学习原则，为了保证教师的继续教育，高校要对其进行在职培训，培训的内容既包括基础知识也包括教育信息技术。学不可以已，即使已经成为一名教书育人的武术教师，也不可能掌握全部武术知识，仍然需要不断学习，以提高自身业务水平。

第二节　基于翻转课堂的武术教育实践

一、翻转课堂的基本概述

（一）翻转课堂的内涵

事实上，自翻转课堂出现以来，便引起了业界学者的广泛讨论。他们各执己见，至今，在国际上，都没有明确的内涵界定。他们分别从宏观和微观两个层面对翻转课堂进行了定义，从宏观层面上来看，所谓的翻转课堂可以简单概括为学生先自行进行知识内化而后教师再传授知识的过程，从微观层面上来看，翻转课堂的顺利实施离不开信息技术的应用，首先，教师将所需要教授的课堂知识进行录制，之后传送给学生，学生在课外通过观看视频的方式学习知识，如此，课堂便成为师生交流的平台了。具体而言，翻转课堂就是运用信息技术实现课外知识内化、课堂交流补充知识的一种教学手段。

（二）翻转课堂的特点

1. 教师是指导者、促进者

为了帮助学生完成知识体系的建构，教师必须设置出合理的学习任务。这就要求教师充分把握教学目标，理解教学内容同时制定教学计划。对于翻转课堂来讲，教师一般起到指导、促进作用，翻转课堂的中心是学生本身。在武术翻转课堂中，武术教师在遵循教学目标的基础上可以适当向学生示范他们在课前武术视频中所学习的内容，学生可以就自己不懂的问题向教师提问或者根据自己的兴趣与教师进行深入交流，如此，武术课就变成了训练课，武术教师也成为学生学习的促进者。每个学生掌握和吸收知识的能力有所不同，因此，教师还应该根据学生的学习情况来进行不同程度的指导，并定期设置测验，检测学生的学习成果并进行反馈。武术教师根据学生的学习效果来反思教学，及时调整教学中存在的问题，以便增强学生学习效果。可见，在翻转课堂中，武术教师的角色发生了转变，由传统的知识传授者变成了学生学习的促进者、引导者，主要起到辅助学生学习的作用。

2. 学生是主角、主导

科技的发展催生了电子产品，电子产品的出现解决了存在已久的教育教学问题，同时也拓宽了学生学习的渠道。现在，手机、电脑等可以随时随地获取信息资源的高科技产品随处可见。学生可以利用网络获取知识，不再完全依靠教师。基于此，翻转课堂应该抓住机遇，充分利用网络平台，将教学内容以视频或音频形式上传至网络以供学生学习，有了网络的帮助，学生的学习便不再受时间、地点的限制，另外，学生也可以反复观看视频，以便充分理解内容，同时还可以在网络上查询难以理解的知识或者拓展性知识，扩大知识面。总之，翻转课堂的实施提高了学生学习的自主性，增强了学生学习的效率。从整体上来看，学生就是翻转课堂的主角。

为了能够完成教学内容，武术教师通常在传统课堂上基本都是讲解基础知识，很少让学生自行思考练习，这就造成了学生对动作技能印象模糊，始终学不会，除此之外，学生由于体质不同、天赋不同，所适合的练习强度也不同，关于同一任务量，体力差的学生即使再努力也无法按时完成，而体力较强的学生则无法达到练习的目的，很快便能完成。上述现象普遍存在于传统武术教学中，显然，这不利于武术教学的顺利进行。翻转课堂的实施恰好解决了这一教学弊端，学生可以在课前观看武术教学视频，当遇到自己不理解的动作时，可以反复观看，如若还不能理解可将问题带到课堂上与教师展开讨论，另外，学生还可以自行安排学习的进度，翻转课堂的应用增强了学生学习的乐趣。

3. 重新分配课堂时间，提高效率

作为全新的教学形式，翻转课堂的实施有效解决了课堂时间分配不合理的问题，由于学生已经在课前学习了基础知识，课堂时间便充裕起来，教师仅仅只需要对学生难以理解的地方进行重点讲解，剩余时间可以让学生自行讨论，练习武术动作。一般来说，学生只有经过不断练习才能够牢牢记住武术动作，基于此，教师必须留有充足的时间来供学生进行武术练习，而在传统课堂中，教师为了确保将武术基础知识传授给学生，往往会占用大部分的时间来进行讲解，留给学生练习的时间少之又少，这就使得学生不得不利用课余时间勤加练习，然而由于没有专业指导，学生很容易在练习中出错，且容易形成固化，如此，等发现错误之后再进行纠正就会异常困难，而翻转课堂模式则明显有更多的空余课堂时间供学生练习武术动作，同时教师也能够在一旁加以纠正，可见，翻转课堂是武术教学的最佳选择之一。

二、基于翻转课堂的散打教学 SWOT 分析

（一）翻转课堂应用在散打教学中的优势

1. 激发学生学习散打的兴趣

人们一旦对某件事产生兴趣，就会主动去求知，积极探索。可见，兴趣是最好的老师。对于散打教学来讲，激发学生学习的兴趣非常重要。作为一类心理特征，兴趣就是指人们力求认知某类事物的意识倾向。而武术兴趣无非就是探索武术运动的积极倾向，散打作为我国武术运动的构成部分，自出现以来，就广受关注，各种有关散打的综艺节目层出不穷，这为散打教学的顺利开展奠定了群众基础。传统的散打教学是以教师为主的教学活动，可以简单用教——学——练来概括整个教学过程，教师仅仅利用自己所学知识来讲解散打内容，整个教学过程枯燥乏味，无法吸引学生注意力，然而翻转课堂的应用，将视频、音频带入散打教学中，使课堂变得生动起来，学生在视频教学中了解散打动作，这极大地提高了学生学习的兴趣。

2. 体现散打教学中的人性化

提起教育，人们最先想到的是学校教育，学校作为教育的主阵地，起到培养人才的作用。从本质上来看，教育的主要目的就是培养国家社会发展所需要的人才，人才是开展教育活动的根本，因此，在开展教育活动的过程中，必须遵循以人为本的原则。事实上，每一位学生由于天赋不同、能力不一，学习情况也并不相同，基于此，在散打教学中，要根据每位学生的不同情况而制定不同的学习任务，显然，这在传统散打教学中是不可能完成的。翻转课堂的顺利

实施很好地解决了这一问题，作为一个以学生为中心的教学形式，翻转课堂改善了学生的学习环境。一方面，学生可以自由安排课前观看散打教学视频的时间，根据自己的能力来进行学习，另一方面，为了将人性化教学理念运用得更为彻底，教师在最后的散打教学评价环节也要做到因人而异，注重学生的体质差异，另外，还应该关注学生之间以及学生本人的评价，更加全面综合的来看待学生的学习效果。

3. 促进师生良好关系发展

一直以来，在一般的散打教学中，教师都固定的承担着知识灌输者、传授者的角色，而学生则扮演着被动接收者的角色。这种固定的教学模式已经完全脱离了时代发展的轨迹，当前时代的发展迫切要求师生角色转变。作为一类对抗性较强的运动，散打教学相较于其他教学而言，需要更多的实战练习，然而固定的师生关系疏远了师生距离，这在一定程度上降低了学生实战练习的积极性，同时也不利于形成民主和谐的师生关系。将翻转课堂应用到散打教学中可以使师生之间的关系更加亲近，学生在课前自行观看散打教学视频，并将学习中所遇到的难点带到正式课堂上与教师进行探讨，师生就散打技术动作进行讨论，在学生练习散打动作时，教师还应该在旁指导，以便随时纠正，这不仅确保了学生散打动作的正确性，还节约了课堂讲解时间，增加了学生的练习时间。与传统散打教学相比较而言，师生之间的互动交流明显增多，师生角色也有了明显的转变，教师不再仅仅只是单纯地传授知识，学生也不再被动地接受知识，师生关系得以健康发展。

（二）翻转课堂应用在散打教学中的劣势

1. 国内教学模式不成熟

现代信息技术的飞速发展，推动了教育教学改革的顺利进行。作为一种全新的教学模式，翻转课堂正诞生于科技信息技术之下。2012 年，伴随着我国信息技术的日渐成熟，翻转课堂模式首次出现在我国，虽然近年来我国极力推动翻转课堂教学模式的应用，但由于时间短，至今仍未形成规模化建设。另外，散打作为武术教学的重点之一，可借鉴的理论经验极少，只能通过自行摸索来探索发展道路，面对复杂的教学环境，我国要想将翻转课堂与散打教学完美融合还需要经历一个漫长而又复杂的发展历程。

2. 专业散打教学视频的稀缺

教学视频的丰富程度决定着翻转课堂开展的成败。可见，要想在散打教学中成功应用翻转课堂，就应该重视教学视频的质量，不仅要严格把握所录制的教学内容，确保散打知识讲解与动作示范的合理性，还要对教学视频进行恰当剪辑、筛选，之后及时上传至网络以供学生观看，视频品质的优劣将直接影响学生学习散打运动的兴趣。在我国，虽然存在很多著名的散打专业教师，但是却没有丰富的教学视频资源，这就使得众多教学视频网站无用武之地。当前迫切需要专业散打教师拍摄教学视频丰富教学资源，教师在录制散打教学视频时，不仅要保证教学内容的合理性，还要确保时间的适当性，既要突出散打教学的重难点，还要满足学生的学习需求。事实上，一套散打教学视频录制完成之后是否能够得到大范围传播还需要详细探讨。

（三）翻转课堂应用在散打教学中的机遇

1. 国家政策的大力支持

教育教学总是随着时代的发展而发展，始终处于改革之中。作为培养人才的重要渠道，教育改革的重点是促进公平公正，为了跟上时代的步伐，教育应该在发展中融入信息技术，通过对教学内容、教学模式的深入研究来提高教育质量。我国高度重视教育的发展，制定了一系列政策为教育改革助力，作为信息化时代的产物，翻转课堂转变了传统教学观念，使课堂变得生动形象起来，教育应该抓住机遇在国家政策的鼓励下开展翻转课堂模式，促进教学变革。

2. 信息技术的飞速发展

伴随着科学技术的发展，人们的生活发生了翻天覆地的变化，手机、电脑等各类高科技产品纷纷步入人们的日常生活中，这些产品的诞生得益于信息技术的发展，同时也正是这类高科技产品的出现催生了翻转课堂。翻转课堂的顺利实施离不开信息技术的发展，无论是高校网络教学信息系统的建设，还是教学视频的录制与分享都需要信息技术的应用。当前为了能够在国际上占有一席之地，各国都在大力发展信息技术，我国也不例外，基于信息技术的迅速发展，翻转课堂也得到了相应的技术支持，继而不断完善。

（四）翻转课堂应用在散打教学中的威胁

1. 学习监督体系不完善

虽然翻转课堂是信息化时代最佳的教学模式之一，但是在其发展过程中仍然存在很多挑战。与其他学科的学习有所不同，相较于理论知识而言，散打学习更加注重技术的学习，当然这并不意味着散打理论学习不重要，相反，理论是实践的基础。在翻转课堂教学中，学生的课前学习占很大一部分，课前观看散打教学视频是学生学习散打技术的重要渠道，然而，这一学习方式是在课下无教师监督的情况下进行的，显然，学生学习的真实性无法得到保障，这也就意味着学生可能无法掌握散打技术。基于此，教师应该意识到完善教学监督体系的重要性，解决翻转课堂监督体系不完善的弊端。

2. 学习评价流于形式

2007 年，美国最先兴起翻转课堂，之后逐渐流入其他国家。受到翻转课堂全新教学观念的影响，这一教学模式自传入我国之后便受到了广泛关注。我国的教育又被称为应试教育，在传统的教育模式中，考试在评价学生学习效果方面占有较大的比重，同时学生的考试成绩也是家长和学校最为关注的。翻转课堂的引入也并未彻底改变这一形势，从表面上来看，我国的教育模式发生了极大的变化，教学质量也得到了提高，但是实际上，当前，在翻转课堂中，仅仅只改变了课堂流程，评价学习的主要方式仍然是成绩，这降低了学生学习的兴趣，翻转课堂教学模式的发展受到了挑战。

3. 教师综合素质的考验

在传统散打课堂教学中，教师课堂教学任务繁重，不仅要传授给学生基础散打知识，还要教授给学生散打技术。翻转课堂的应用减少了教师的课堂工作量，学生在课前基本上通过视频就能够自主学习散打知识与技术，而课堂则变成了教师答疑解惑，学生练习散打技术的平台。除此之外，教师还有一项任务，那就是根据学生的学习效果来及时调整散打教学目标。作为散打教师，在运用翻转课堂教学时，除了需要具备基础的散打知识素养之外，还要具备一定的信息化素质，只有综合素质高的教师才能胜任网络化程度高的翻转课堂教学。基于此，身为散打教师，就要不断提高自己运用信息技术的能力，突破传统思维，运用现代化思维来思考教学问题，与时俱进，只有这样，才能培养出一批优秀的散打人才。

三、基于翻转课堂的太极拳教育实践

（一）太极拳教学中应用翻转课堂的必要性

1. 学生需要的必要性

在我国传统的教育观念里，分数代表着一切。为了让学生能够考出良好成绩，在理论知识考核中取得胜利，学校十分重视文化科目的教学，忽视了体育课程的教学。长此以往，体育课程得不到应有的关注，学生就会对体育课程感到陌生，丧失学习的兴趣，更不会预习或者复习体育知识。基于此，在正式步入高校之前，学生也没有真正认识体育，仅仅只是将体育课当作可以自由活动的空闲时间，没有认识到体育课的重要性。为了尽快转变学生对体育课的认识，高校就应该积极采取措施增强学生参与体育活动的兴趣，进而引发学生学习的动机。将翻转课堂应用到太极拳教学中，不仅能够使教学变得生动形象起来，调动学生参与的积极性，还能够帮助学生迅速掌握太极拳技术，增强体质。

2. 学习内容的必要性

作为武术运动的一种，太极拳运动项目不仅技术动作复杂，而且要求学习者必须每一个动作都做到位。然而，太极拳虽然是一项体育运动，但却并不常见，很多人在步入高校之前都没有真正接触学习过太极拳运动，这就导致学生很难通过一节太极拳课程就掌握动作要领。翻转课堂的应用使这一难题迎刃而解，学生可以根据太极拳教学视频来逐一学习动作要领。可见，要想掌握太极拳复杂的动作技术就需要在教学中应用翻转课堂模式。

3. 学习环境的必要性

21 世纪是信息技术飞速发展的时代，无论是在金融领域，还是教育领域，信息技术都得到了广泛应用，互联网技术随处可见。受到信息时代的影响，教育也顺势开始变革。学生作为新新人类，更是广泛使用互联网技术，翻转课堂正是在网络技术、多媒体技术等信息技术的基础上发展得来的。在当前信息环境的推动下，翻转课堂教学模式受到了学校欢迎。

（二）基于翻转课堂的太极拳教育实践措施

事实上，翻转课堂作为新世纪的教学模式，具有增强学生自主学习能力的

作用。无论是设计教学环节，还是选择教学内容，都应该将学生当作中心。而教师则担负着指导、答疑解惑以及评价学习效果的重任。一般来说，翻转课堂在太极拳教学中的应用可以分为三个阶段，分别为课前、课中、课后①。

1. 课前阶段

与传统教学相比，翻转课堂中的教与学发生了颠倒，学生自主学习在前，教师教授在后。这种先学再教的模式成功实施的重点在于课前教师所布置的学习任务。太极拳教师在布置课前学习任务时要做到适量且适当，任务的制定既要与教学内容相符，又要能够满足教学目标，同时还要与当前学生的能力水平相适应。学生在明确教学目标的基础上观看太极拳教学视频，对于重点难点可反复观看，遇到不明白的地方要及时上网查询或者向教师、同学线上求助，以确保课前学习的顺利进行。另外，教师在之后的课堂教学时要体现课前所布置的教学任务，培养学生自主学习的能力。

2. 课中阶段

学生在课前通过观看太极拳教学视频以及查阅资料便已经了解了教学的目标与内容，这为教师开展课堂活动奠定了基础。事实上，课中阶段，教师的主要任务就是指导学生进行太极拳动作练习以及解答学生的疑惑。在这一阶段，太极拳教师会首先对学生疑问的部分进行解答，也就是安排反馈环节，学生根据自己的课前预习情况做出总结汇报，并同时就自己疑惑部分向教师提出，教师先让学生以小组为单位自行讨论解决，之后再根据讨论情况做出总结，对普遍存在的问题加以强调。从教学目标来看，学生由于学习能力不同，学习目标也并不相同，教师一般会根据学生的实际情况来设置与其相符的教学内容和目标，也就是实施分层教学，将学生按照学习能力划分小组，以小组为单位分配学习任务，小组成员可以互相交流共同进步。

3. 课后阶段

无论是课前教学，还是课中教学，存在的意义都是为了增强学生个人能力，提高学生学习兴趣。除了课前和课中阶段之外，教师还应该为学生确立课后阶段的复习目标，即安排课后复习内容。网络为翻转课堂的顺利进行提供了教学平台，教师可以在平台上与学生一对一交流，及时解答学生的疑惑。学生除了可以与教师交流之外，还可以通过教学平台与同学交流，在交流中进步，在交流中增进情感。在制定复习任务时，教师也要根据学生的学习情况来设

---

① 刘易华. 普通高校太极拳教学中翻转课堂教学模式应用研究 [J]. 武术研究, 2017, 2 (3).

置，比如接受能力高且太极拳分解动作标准的学生则可以安排高难度作业，让他们在课后录制整套太极拳视频，像那些接受能力差且动作分解不明的学生则应该让他们尽量多地练习分解动作。与其他学习类似，太极拳的学习也是由浅及深、由表及里，教师从最初的简单太极拳招式开始讲解，待学生积累一定的知识之后，再进行深入讲解。

第三节　基于慕课的武术教育实践

一、慕课的基本内容

（一）慕课的内涵

Massive Open Online Courses（大规模开放在线课程），其缩写为"MOOC"，人们习惯称之为"慕课"。其中，"Open"的意义有两层：第一层是开放，该平台面向全世界用户免费开放；第二层是共享，平台内丰富的学习资源同世界范围内的学习者共享。慕课平台规模大、范围广，采用线上教育教学形式，包含课堂教学以及课后反馈等系统化功能，具有完整的教与学过程。在教师讲课过程中，慕课平台会连接教师与学生的电脑，以此实现教师对学生情况的及时掌握，学生在面对难题时也能及时反馈给教师。慕课集社交、学习、移动互联以及大数据分析等功能为一体，为学习者、教学者提供新鲜的教与学体验与免费的便捷式服务，现已成为在线教育的最新形态。

基于上述优势，慕课引起众多教育人才的关注，世界各地著名高校分享课程资源，专业教师也参与到慕课平台的教学过程中。同时，受专业教育人士以及求学者青睐的慕课平台，也吸引了众多投资者的注意力。目前，慕课平台的课程推广由 Coursera、Udacity、Edx 三大公司负责。公司通过制作推广短片、展示平台教学模板、网络互动问答等多种形式，开发潜在用户并宣传慕课求知求学的良好氛围，推广投放涉及常用社交媒体等多个平台。

（二）慕课的特点

1. 高度的互动性

慕课最突出的特点在其互动性。慕课平台能够完成交互式教学，这是传统的教学模式难以实现的。慕课平台使学生之间、师生之间的互动频率显著提升。

学生互动：学习者在慕课平台上最常使用的方法是合作学习法。同一课程的学习者会被分成不同小组，学生通过与其他学生合作学习的方式研究同一个主题，不同小组的研究主题不尽相同。当学生遇到学习上的难题时，可以通过小组学生互相讨论的方式初步解决，小组讨论后可将讨论成果以及存留问题反馈给教师，实时解答疑惑。在课后，同一小组内的成员还可以通过微信、微博等第三方平台实现合作式的深入学习。

师生互动：慕课平台的师生互动主要有三种实现途径。一种途径是集中答疑，即学生汇总问题，教师进行答疑，在此过程中，教师面对的是多个学生，问题的汇总能够有效提高教学效率；再一种途径是论坛交流，教师每周在慕课平台上组织两小时左右的论坛交流活动，在此期间，学生可以通过论坛与教师互动；还有一种途径是由教师主动发起的互动方式。依托先进的数据分析等网络技术，慕课平台能够给教师提供学习者的学习信息，使教师对学生的学习情况了如指掌，为教师开展个性化教学准备了条件。

2. 学习的便捷性

传统的教学模式中，教师处于主导地位，学生只能遵从统一的教学指令，这样的学习方法虽然有益于统一管理，但不利于学生自主学习能力的培养。慕课打破了传统的教学模式，采取教师与平台"双主导"模式，以学生为主体，充分考虑学习者的使用体验，平台学习功能一应俱全，学习者在课前可以搜索相关信息预习课程知识，在课中可以自主选择学习方式，在课后可以通过邮箱、论坛等交流讨论。在慕课，学生的选择空间扩大，学习者不仅可以自主选择学习方式，还可以自主选择学习内容，具有极强的学习灵活性与自主性。

慕课平台学习的灵活性与便捷性还体现在学习者的学习活动不受时空局限。慕课采取短视频的课程形式，时长大多在十几分钟左右，这样的课程视频占用学习者较少的时间精力，对场地也没有特别的要求。如果学习者在首次学习后未能掌握学习知识，可以采取回放、循环播放等形式直至完全掌握。教师在教学阶段会采用图片与视频相结合的方式，这种丰富的教学形式能够激发学习者更大的学习兴趣，提高听课的专注程度。在课程总结阶段，慕课的评价系统会及时对学习者的学习情况进行评价，帮助学习者迅速了解自己的学习情况。

3. 受众的广泛性

慕课受众的广泛性主要得益于互联网技术以及移动客户端的不断发展。慕课充分体现了教育的社会服务功能，向受众传播信息与文化。其受众广泛性主要体现在两个方面：规模性与开放性。

慕课的规模性指的是，慕课面向世界范围内的学习者，提供海量的学习资源。同一节课程不限制学习人数，因此课程的用户数量非常庞大。同时，由于世界各地高校是慕课的课程提供者，所以慕课所提供的课程资源数量与质量兼备。

开放性既指其平台准入门槛低，只要免费注册成为用户即可享受优质的平台服务，又指平台向世界范围内的学习者开放，同一个班级的学习者可能来自世界各地，学生在交流分享时，也将自己的价值观与人文精神展示给其他国家、地区的学习者，促进文化的交流与融合。

4. 课程的免费性

在传统教学模式中，学生要想进入课堂听课，一般都需要先缴纳学费，部分生活有困难的学生可能无法支付如此高昂的费用。传统的学校教育对求学者的学习范围也有一定的限制，学生很难享受不同学校优质的课程资源，即使在同一学校内，不同专业的学生也很难获得其他专业的优质课程资源。慕课的出现，让这一问题得到了有效解决。慕课的课程资源都是免费的，它不限制学习者的学习内容，也可以为求学者提供名师名校的课堂教学。在观看课程以后，学生可以即时提问，完成课后作业并提交，反复观看教学视频来巩固知识点，最后还能进行模拟考核。除了获取特定证书、学分外，平台的学习过程都是不收取费用的。

慕课的免费性是其最大的优势，这一特性有效推动了世界高等教育的发展。免费学习的模式有力推进了高等教育的开放进程，学习者借助平台实现免费学习，接受世界上理论内容最先进的教育，不同的教师对同一问题的阐释也会开拓学习者的视野。

二、慕课的发展及构成要素分析

(一) 慕课的发展

1. 慕课思想的起源与来历

20 世纪 40 年代，教育界流传着广播教育和函授教育的理论思想，这种思想环境孕育了慕课的教学思路。之后，随着科技的不断进步，音频视频等迅速发展，教育界的专业人士对两种教育思想产生了浓厚的兴趣，英、美等国家的一些知名大学对其进行探索，这也促进了慕课教育思想的形成。慕课自 2013 年首个自主品牌诞生起，不断优化平台服务，并秉持着免费提供教学资源的宗旨，打破了传统的学校教育体系。在慕课的成长过程中，美国高校管理系统的建立、远程教育的商业化、信息时代的迅猛发展等，都在不同程度上促进了慕课平台的成熟与完善，为推进师生平台管理、平台产业化、平台开放共享等进程贡献了巨大的力量。现如今，慕课依托互联网技术以及信息化建设，形成了开放共享的平台模式，这在一定程度上冲击了传统教学模式，传播了共享的价值观念，给用户带来了迅捷、先进、自主的学习体验，成为高等教育教学的潮流。

2. 慕课模式的未来发展方向

当前，我国正处于社会转型期，社会主要矛盾是人民日益增长的对美好生活的需要和发展不充分不平衡之间的矛盾，这也给社会大众带来一种焦虑情绪，慕课在此环境下拥有了发展契机。慕课的兴盛是人们转变思想的一种必然结果，该平台虽然不能完成教育体系的完全变革，但也使得教育格局发生变化，教育资源不均衡与教育质量不足的问题浮出水面，有利于后续教育方法与体系的改革与完善。

未来，慕课可以借"互联网+"的东风发展授课新模式，进一步加强基础设施与资源建设，实行现代化的教学方法与手段，促进高等教育信息化。从不同层面与更多第三方平台合作，专注于在线教育的课程建设，不仅要给学生提供优质的学习资源，还要引导学生形成正确的价值观念，增加技能型知识的资源比重，为社会培养应用型、创新型人才做贡献。

(二) 慕课的构成要素

慕课主要由课堂教学、平台反思、教学评价这三部分构成。

慕课拥有强大的资金以及技术的支持，因此课堂教学内容极具生命力与感染力，这也使该平台的规模化课堂教学成为可能。按需索取理念贯穿课堂教学全过程，学习者可以根据自己的需求以及实际情况选择课程内容以及学习方式。课堂教学能够表现出教学的内容、原则以及方法。其中，教学内容是课堂教学的核心，能够体现出课堂教学的科学性，教学内容不仅要传递知识，还要按照一定的原则与方法有序进行。

慕课平台富有生命力，能够进行合理有效的平台反思。首先，在教学过程中，慕课能够及时调整教学手段与模式，采用集中教育、分组学习等形式，满足绝大多数用户的学习需求；其次，在平台运行过程中，慕课拥有一套完整的自我调整与管理系统，具有现代化、多元化等特点。

慕课拥有一套动态的、面向学生与教师的全面评价系统。这种评价系统富于创新性。对于学习者来说，评价系统具有明显的个性化趋向；对于教师来说，通过学习者的反馈评价，能够反映出教师在教学重点以及技巧上的不足之处，能起到一定的提高教学能力与水平的作用。

三、高校引入武术慕课范式的优劣势分析

(一) 武术慕课推行的优势及可行性研究

目前，武术慕课已经进入我国多所高校，武术慕课推行初见成效。但在现阶段，我国的武术教育整体发展仍然存在较多问题。武术作为传统文化的组成部分，其发展也面临着教学失衡、产业化不足、价值解读深度不足等种种问题。这也恰恰说明，武术慕课还拥有很大的发展空间。慕课本身所具有的进步性也能够反向推进武术教育与武术文化的发展，慕课武术拥有不可估量的发展潜力。

武术慕课引发了中国传统教育模式的阵痛期，其教学模式的成功转变是借鉴先进教育理念的结果，因此平台运行与传统教育模式有着截然不同之处。慕课之所以广受欢迎，直接原因在于其便捷性与开放性，武术慕课打破了学生学习武术的时空局限，这种流行的教学方式能够促进武术课程的完善。面对时代变化给武术带来的发展机会与挑战，顺应时代潮流才是明智之举，借助信息化手段，开发设置武术慕课课程，能够促进武术文化的传承，为武术文化注入时代色彩。

(二) 武术慕课的发展困境和劣势分析

1. 武术慕课发展缺乏标准化

武术慕课的标准化是坚持正确发展方向的重要保证，设立统一合理的标准有利于规避武术慕课存在的风险，使教与学效率大幅提升，有利于武术走出国门，走向国际，形成规模化发展态势。

武术慕课缺乏标准，导致慕课的武术教学出现理论与实践结合不充分、课程体系缺乏系统性等问题。在教学内容上，武术理论与实践脱离的倾向会阻碍武术慕课的发展，武术的理论知识型课程与实践操作型课程脱钩会使武术慕课教学活动缺乏生命力与活力。现有的武术慕课教学模式不能很好地适应平台的运行模式，一些实操性较强的武术课程内容无法完全发挥作用。同时，在课程设置上，武术的平台教学体系建设不够完善，武术教学更多地专注于表面知识的教学，比如武术套路等，相对忽略了武术背后所蕴藏的民族文化以及价值教育，未能实现武术与其他学科之间的兼容互补。

最后，为使武术慕课正常运行，需吸引资金投入平台运行，标准化的缺失会降低武术慕课的吸引力，久而久之武术慕课会丧失生存与发展环境。

2. 武术文化内容难以在慕课形式中展现出来

慕课给武术教学带来发展机遇，具有优越性，但同时，部分武术文化的内涵难以通过慕课平台展示出来，目前的武术招式教学与武术文化教学实际上是割裂的，而且武术文化不被作为教学重点。教学中应遵循"以人为本"的理念，教师要完成"传道授业解惑"的教学任务，培养学生的自主学习能力与自身发展能力，培养批判性思维与意识，并逐渐培养学生独特的文化价值观念体系。武术文化的传承也是武术教育中的重要组成部分，这才是武术教育原本的意义所在。武术慕课应将教学重点从技术转移到文化中来，对课程内容与体系严格把关，教学过程中应以学生为主体，坚持慕课"有效教学"的平台理念，以此来完成武术人才的培养，不仅要使学生"成才"，更要使学生"成人"。

四、高校武术慕课教学的机会分析和突破路径

(一) 利用慕课的丰富形式对武术文化进行"加工"

武术文化在中国传统文化的怀抱中孕育出来，学习者面对其背后蕴藏的深刻内涵时，需要在了解本民族基础文化历史知识前提下，才能有深刻的理解与感悟，否则学习武术课程只是走马观花，这提出了对武术文化"加工"的要求。要想使武术文化走出国门，必须以简单易懂的通俗故事形式广泛传播。目前的武术慕课教学存在着武术文化教学内容扁平化的问题，枯燥的文字、深奥的文化背景、单一的远程视频与理论课形式等都在一定程度上降低学习者学习的积极性与兴趣。

为提高学生的学习积极性、加深无基础者对武术文化的理解，应改变将书本知识直接转移到平台视频课程的教学模式，可以邀请相关专家学者对武术文化进行深加工，以简洁而又诙谐的方式简单介绍武术文化。改良后的武术文化教学内容既要有简洁明朗的外在形式，又要有深厚独特的文化底蕴。还可以用丰富多彩的视频、图片影视作品等形式完成教学导入，以此增加武术慕课的趣味性，吸引更多武术文化爱好者，降低武术文化的传播难度。在教学过程中应注重启发学生对武术文化的赏析，使学习者对武术文化产生独特的情感体验。

武术慕课教学应采取微视频的形式。一方面，学生的精力是有限的，而武术理论的教学总不可避免地带有一种枯燥性，采用微视频模式可以适当增强学生对武术理论性知识的学习欲望，提高学生的武术课堂学习效率。另一方面，微视频的教学模式顺应了平台的发展模式，慕课本身就是以视频为主要途径的学习平台，而且平台的视频课程资源不能随意下载。

武术慕课的课程设置应实现普遍性与特殊性的有机结合。武术慕课教学的普遍性是指，武术教学应该尽可能地放低课堂学习的门槛，通过诙谐简洁的趣味故事等手段，让没有中华民族传统文化背景的学习者也能轻松入门；武术门槛教学的特殊性是指，武术理论具有复杂性，而且就实际情况来看，我国武术也存在着流派门类众多的发展现状，因此不能一概而论。武术慕课教学系统应把我国不同高校的武术课程大纲以及教学计划等分类规整，以目前实用性较高的武术项目动作解析为内容制作慕课短视频，并在视频中标注动作要领以及动作难点等，这样一来，慕课武术课程就同时具备了学术性与实用性。

（二）将课程资源进行优质化来提升大众化传播的效果

高校在利用慕课进行武术教学时，应注意将其课程资源优化。根据国家政策要求，优化武术慕课教学资源，确立"一校一拳、德艺兼修、术道融合、打练并进"的改革方向，将武术教育的教学目标确立为健身、修身、育人等，促进学生综合素质的提高。在理论知识方面，加强对武术的学术性研究，不断探索，完善现有的武术教材，使各个部分的内容设置合理化、科学化。高校借助慕课微视频的形式，增加课程教学的趣味性，积极吸收其他高校武术教学系统的有益之处，实现不断完善与发展。另外还可以分析武术的热门投资与融资项目，从市场需求的角度看待武术课程资源的优化问题，紧追潮流，在课程内容中增加武术产业化的现状分析与路径探索等一系列问题。

高校在运用慕课实施武术教学时应将其教学内容大众化。首先，高校可以统计慕课平台上各类武术课程的受欢迎程度，及时了解大众对于武术课程的需求，来完成武术课程资源的整合，凝聚世界人民对于武术的共识。其次，学生也属于大众文化的受众，教学过程中应将学生作为课堂的中心，广泛听取学生的意见，了解学生内心对于武术的诉求，加强师生互动，以此实现交互式教学与探究式教学；再次，武术教学内容应加大大众武术文化的比重，在日常的校园活动中，注重武术文化的宣传，将武术教学融入校园各个活动中去，促进武术文化宣传并实现其常态化；最后，高校武术教学可以借助慕课的评价反馈体系，教师使用平台的过程中主动了解学生学习的兴趣点与难点，在实际的课堂教学中也可以采用慕课的评价反馈思想，不断推进武术课程资源的大众化以及优质化。

第四节　基于微信平台的武术教育实践

一、微信平台的主要功能与教学作用

（一）主要功能

微信的主要功能包括通信、公众号、小程序这三种。微信最基础的功能当属通信。微信的通信功能具有即时性，一方发出的信息能够被另一方立刻接收，它打破了时空的局限，以图文以及视频等多种形式传递信息；微信的通信功能还具有广泛性，不仅能够实现人与人之间的沟通，还能够实现人与群体之间的沟通。微信公众号是微信的第二大功能，公众号一般由个人或者组织运

营，发布特定的内容以达到宣传的目的。微信公众号的内容多种多样，涉及社会生活的方方面面，因此，不同类型的公众号也拥有不同的受众群体。微信小程序是微信中比较新颖的功能，于 2017 年正式上线。微信小程序实现了应用程序使用的便捷化，只需下拉微信聊天界面即可搜索并简单使用相关应用程序，省去了下载的步骤，在一定程度上节约了手机空间。

除了三大主要功能，微信还具备朋友圈、直播等功能。

（二）教学作用

武术教育教学过程中，利用微信能够提高武术教学的效率。首先，教师使用微信进行武术招式的教学，可采取图解、视频讲解的方式，更直观、近距离地向学生传授武术知识与招式细节，丰富武术教学的外在形式。其次，微信通信的即时性能够打破时空局限，将微信应用于武术教育教学过程中，改变传统武术课堂的开展形式，打破场地与时间局限，有利于扩大课程学习的空间，使学生在任意时间任意地点学习武术知识，增强学生学习的灵活性与主动性。最后，微信平台的使用可以增强教学的互动性。在传统的高校武术教学课堂上，由于时间限制，教师有时无法做到关注每一个学生的学习情况，学生的疑问有时也难以及时得到解答，同时一个班内的学生由于来自不同专业，互相之间并不熟悉，这在一定程度上造成了同学间的交流障碍。运用微信平台可以促进学生与学生、学生与教师的深度互动交流，形成良好的课堂学习氛围，使学生的疑问及时得到解答，与此同时还能够促进同学之间的情感交流，增强武术班的凝聚力。

二、微信公众平台在武术教学中应用的优势

（一）能够加强师生之间的互动

一般情况下，教师在武术教学课程中都采用"手把手式"教学模式，武术课程的目标设置中包含了大量的武术招式以及套路学习，这些动作变化多端，掌握起来有一定的难度，必须由教师亲身示范并反复指导。学生在学习过程中有不懂之处需要立刻请教老师才能把武术招式、动作做得干净利落。因此，武术教学课堂中的师生互动要远高于一般课程的教学课堂。

在当下的大多数武术课堂教学中，师生之间的互动相对不足，这样不利于武术教学目标的实现。为改变这一现状，可以将微信与武术课堂联系起来，为实现师生互动提供一个便捷的平台。师生可以建立微信班级群，实时交流课堂心得；教师可以通过申请公众号的方式，发布武术教学的相关内容，鼓励学生踊跃发言，在文章后的留言板模块及时了解学生心中所想，必要时教师可以实现与每个学生之间的沟通。

运用微信教学，能促进师生的互动，实现教学相长。学生积极主动地提出疑问与困惑，勇敢表达内心看法，有利于激发教师心中的教学热情、提升课堂的教学效果；教师主动了解学生的想法，有利于学生增强倾诉欲望与表达欲望，调动学生内心的学习热情，培养学习兴趣。运用微信平台开展武术教学的新形式，将武术课堂内外结合在一起，实现师生的良性互动，有利于武术文化的继承与发展。

（二）有助于培养学生自主学习能力

学校教育的教学内容是各个学科专业、庞杂的知识体系，通过教师的讲解与教授，学生不仅要掌握知识点，而且要养成自主学习的能力，树立终身学习的意识，俗话说"授人以鱼不如授人以渔"，学校教育最主要的目的就在于学生个人素质的全面发展。这样的教学目标对教师的教学活动提出了要求：教师在教学活动中应将侧重点放在学生能力的培养上，引导学生形成触类旁通的学习思维，使学生在面临学习问题时学会举一反三，提高学习效率。

武术教学内容中的招式、套路、战术等，都具有复杂不易懂的特点，利用微信平台进行武术教学，不仅可以使学生有针对性地掌握武术知识与动作要领，将复杂的教学内容分解，实现课堂知识的查漏补缺、精进武术技艺，还有利于学生形成主动学习的心态，培养学生自主学习的能力。另外，在微信平台发布一些关于武术的趣闻逸事等，有利于学生对武术产生浓厚的兴趣，进一步增强武术课程学习的积极性。

（三）有助于打破学生学习的时空限制

微信的普及性是利用微信平台进行线上武术辅助教学的现实基础。微信上线以来，用户量日益增多。学生对微信接触较多，对该软件比较熟悉，绝大部分青少年都能够开设自己的微信账号并浏览感兴趣的信息。平台操作简单方便，这也为基于微信平台的武术教学活动准备了前提条件。学生在微信平台上学习武术知识，能够打破传统体育课的时空局限，随时随地接收信息，扩大了武术课堂的时空范围，有利于学生巩固强化旧知识，及时预习新知识，减轻教师的教学压力，提高课堂效率，更快地实现武术的教学目标。

三、基于微信平台的武术移动学习内容构建路径

（一）武术学习内容构建

1. 武术技术教学

武术教学的基本内容是武术技术的教学。对不同阶段、不同院校来说，武术技术教学内容各有不同。中小学武术教育，以基础的武术知识以及基本的动作、套路等为教学内容。高校的武术教育内容根据学生需要分为三种：第一，作为普通的体育类课程，武术教学内容重在练习，其练习招式以武术段位4、5段以及太极拳为主；第二，作为人才培养计划中的组成部分，武术教学内容侧终于武术教育，这一部分学生学习武术的初、中级内容，并形成对武术教学的系统的理论知识，成为武术教师的储备力量；第三，作为专科院校的教学内容，武术课程更加注重实用性，专科院校的学生学习传统拳术，并以竞赛为目的进行武术练习。

2. 武术道德教育

武术道德，就是习武之人应该遵循的道德规范与原则，人们经常以"武德"称之。自古以来，习武之人就对同门道德有着严格的要求。春秋时期，诸侯混战，各种思想流派竞相争艳，《左传·宣公十二年》提出"武有七德"，即"禁暴、戢兵、保大、功定、安民、和众、丰财"①。面对诸侯割据混战局面，该作认为，诸侯起兵与对战要符合一定的道德要求，不打无义之战。汉代，自汉武帝时期起，儒家文化被摆在了重要的位置，儒家思想也渗透到了武术的发展历程中。儒家思想的关键词是"仁"，"仁义礼智信""忠孝友悌"等价值观念融入武术道德中，"修身治国平天下"也对历代武术志士产生了深远的影响，使其拥有浓烈的家国情怀。唐代至明代，武术流派纷呈、百花齐放，比如宋代岳飞编著《九要论》，对武术进行系统阐述。

古代习武之人的目的不外乎增强体质、保护自身安全、保卫国家等，在武

---

① 郭洪涛. 武术与中医学［M］. 北京：中国中医药出版社，2017：23.

术练习与实战中也包含着对武术道德的要求。传统武术讲究"以武会友，点到为止"，将尊重生命与他人的思想观念融入武德教育中。武术对战中还包括一些武术礼仪内容，比如"抱拳礼"，各个部位的姿势与动作都具有一定的寓意，表达的是天下习武之人同为一家的团结、谦逊、尚武、崇德的精神品质。

武德教育在武术教学过程中具有必要性。武术教师不仅要让学生掌握武术技法、增强身体素质，还要完成传承武术文化的主要任务，弘扬中华民族传统文化。武德承载了武术精神，是中华民族传统文化的重要组成部分。教师可以通过课前导入关于武德的趣闻逸事等形式，激发学生学习武德的兴趣，循序渐进地进行武德教育。

3. 武术技艺赏析

自古以来的文学作品以及现代影视作品中，都曾表现武术的艺术性。传统武术作为传统文化的组成部分，是传统文化的表现形式之一，具有观赏价值。武术的流派、招式随着时间推移不断发生变化，武术的观赏性也日益增强。

欣赏武术技艺要有一定的知识储备，包括对武术的发展历史、基本流派、基本套路与招式等的了解，这也是武术学习的前提。应在尊重事实的基础上，结合当下学生普遍感兴趣的影视作品以及书籍等，设置武术赏析的微信线上平台，利用公众号、小程序等微信功能，推送武术表演、武术竞赛等相关内容。

4. 武术文化传承

武术蕴含着深远的武术文化，武术文化自远古时期产生，流传至今，兼收并蓄从而富有生命力，形成了具有中华民族特色的文化形态。利用微信，搭建武术文化传播平台，有利于学生了解武术文化知识，感知武术的魅力，促进学生对武术文化的深层理解，在感知文化氛围的同时传承武术文化与中华民族传统文化。

（二）武术学习环境构建

1. 教学准备

课前，教师应根据武术课程教学进度以及课程目标设置，合理安排课堂教学的具体内容，并将制作好的预习课件通过微信群聊发送给学生，使学生能够对下一节课的学习内容有一个基本的、系统的了解。在预习过程中，学生遇到不能理解的难题时可以跟同学、教师一起讨论，教师在此时可以对一些问题进行简单解答，这有利于加强班级内的互动，在积极热烈的氛围中加深学生的学习印象。

2. 在线学习

建立武术微信线上学习平台，实施平台追踪技术，对学生的学习情况进行记录。教师通过该记录能够对班级内学生的总体学习情况有一个大致把握，制定适宜的教学进度；还能够细致地了解某一学生的学习情况，增强教学的个性化。学生通过学习记录也能够轻松总结并击破学习难点与弱点，增强学生学习的自主性，提高学生主动学习的能力。

3. 翻转课程提高

学生线上提出的问题为武术教学的课程深化与提高提供思路。教师将学生在线上无法解决的问题汇总，组织学生进行小组讨论与实践，最后再由教师总结阐释，这样可以让学生拥有线上线下的双重学习体验。在总结阶段，可以适当地进行课程内容的延伸拓展。

第六章 新时期武术教学改革探索

武术在现今学校教学中占有很重要的地位，它是传统体育课程不可或缺的内容。系统的武术教学能够增强学生的身体素质，提升学生的综合能力。随着时代发展与教育变革，传统的武术教学呈现出许多问题，改革成为新时期武术教学的必经之路。

第一节 激进与渐进：我国武术教学改革的不同推进逻辑

改革是当今世界不可阻挡的历史潮流，教育者对教学改革一直在路上。自20世纪80年代到现在，我国教育界对于教育行业改革中出现的知识优先和能力优先之间的争论持续不断，对教育行业改革的推进逻辑不断探讨。只要有改革，就会出现不同的改革思潮和改革路径。如何改、如何革，即改革的路径问题与改革的方式问题，这是改革发展进程中必定出现和必须回答的问题。受事物自身发展的内部推进逻辑、社会历史惯性，以及人们的思维逻辑影响，在改革的方式问题上，出现过激进和渐进两种不同的改革思潮。激进改革与渐进改革之间是有深刻差别的，无论是改革的方式、方法，还是改革的目标、性质，都各不相同。二者改革方式的不同，不仅在于改革的内容要素上有所不同，而且还在于改革的顺序性和力度有一定的差异。在整个改革过程中，可控性和稳健性是渐进改革一直注重的，而激进改革，在改革的初始阶段，就是自上至下的顶层设计，是全局性的"破旧立新"。

武术教育对提升青少年身心健康有积极作用，它是继承中华优秀传统文化的重要手段，在国家改革发展的大潮带动下，武术人在武术教学改革的道路上也是一直探索着。在武术教学改革中，如何提升学生的武术运动能力、培养吃苦耐劳精神、提高身心健康水平是新时代学校武术教育的重要任务，也是武术教学改革的目标和主要改革内容要素。在完成这一目标任务的过程中，同样出现了两种不同的改革思潮：一种是以生为本、能力优先的武术教学渐进式改革；另一种是以生为本、知识优先的武术教学激进式改革。为充分实现学校武术教学效能的发挥①，实现学校武术教学传承中华优秀文化功能、提高学生健康水平和增强体质的提升要求，本节以学校武术教学改革方式为切入点，探寻其推进的逻辑起点，深剖青少年学生强健身心滞后于我国物质实践取得成就的内部理路，从提高学生武术运动能力、健康水平和传承国脉出发，对能力优先的武术教学渐进式改革和知识优先的武术教学激进式改革进行研究，探寻我国武术教学改革的推进逻辑，为武术教学发展提供依据，推进武术教学建设进程。

一、本源思维回归：武术教学改革方式推进的逻辑起点

世代相传的思维结构是人类最稳定的社会学因素②。本源思维构成了中华民族深层的"文化—心理结构"，是中华民族世代相传思维结构的核心骨架，成为中华民族认识事物、解释世界的模式，并在中华文明发展进路中起基因性、基础性作用③。武术作为中华文明的重要分支，是武术先辈运用本源思维，以古代解剖知识为基础，在保持运动整体观的视域下，对人类技击格斗运动规律进行探索的中华文明成果④。科学证明：武术是武术先辈们运用本源思维，对当时社会生活中出现的各种技击格斗技术进行"观物取象"，并系统整理加工，进而借"象以尽意"来把握武术的内部技击特征和规律。以往多数武术家在谈及习武时，他们经常告诫后生：想要掌握武术的技击格斗运动规律，必须从本源思维出发，通过多年的体悟才能习得，这主要因为"象以尽意"是在武术习练和掌握过程中习武的悟性。当然，真正要掌握武术内部规

---

① 朱富强. 渐进：改革的一般逻辑［J］. 社会科学，2001（3）.
② ［法］勒庞. 乌合之众：大众心理研究［M］. 冯克利，译. 北京：中央编译出版社，2005：2.
③ 王南湜. 中西思维方式的差异及其意蕴析论［J］. 天津社会科学，2011（5）.
④ 高成鸢. "水火"范畴与中华文明论纲［J］. 文史哲，2019，370（1）.

律，习武之悟性根本乃在"观物取象"之体悟和"象以尽意"之体悟①，而体悟的本真就是本源思维回归，这是掌握武术内部技击特征和规律必须遵守的客观认知规律。

20世纪90年代初期，盛洪在《寻求改革的稳定形式》一书中，提出："改革注定具有过渡性和渐进性"。渐进改革和激进改革是武术教学改革进程中的两种不同方式，它们虽然有着不同的逻辑基础，但逻辑起点却是一样的，即都是构成中华民族深层的"文化—心理结构"的本源思维。武术教学改革就是通过不同方式的改革，改变不适合武术教学规律的方式方法等相关内容，使改革后的武术教学能够让习武学生掌握武术内部技击特征和规律，达到强身健体、防身自卫，弘扬民族精神，传承国脉之目的。武术教学只有回归武术先人们的本源思维，在学生深得武术"观物取象"之体悟和"象以尽意"之体悟中不断探索，通过不断、深层次的习武体悟，才能圆满完成武术教学任务，达到武术教学改革目的，这是武术教学改革的基石，也是武术教学无论采取何种改革方式推进的逻辑起点。

（一）立象尽意：武术教学改革方式建构的原点

依照学科建构理论，武术教学理论建构主要由武术教学的概念、实践原点、目标定位、内容构建、实施策略与路径等部分组成，目的是通过武术教学，使学生掌握武术课教师教授的技击格斗肢体技术和精气神等内外合一、形神兼备的武术运动整体技术，并在本源思维回归的情况下，体悟习练武术过程中内气的大无外、细无内的存在和运行，唤醒学生的主体体验，促进学生主体感知发展，掌握武术内部技击特征和规律，达到强身健体、防身自卫，弘扬民族精神，传承国脉之目的②。

为顺利达到武术教学目的，必须进行科学改革。当然，在武术教学改革过程中可以采用不同的改革方式，但无论采取何种改革方式，武术教学改革都必须回归武术教学改革方式建构的原点，即必须回归武术教学目的，通过先求其形似，进而求其神似，做到"立象尽意"，达到"形与神俱"的目的。也就是教师引领学生运用本源思维进行武术教学，做到先求习武学生在掌握技击格斗技术过程中的"形似"，并在"形似"的基础上，唤醒学生的主体体验，不断

---

① 王树人. 中国哲学与文化之根——"象"与"象思维"引论［J］. 河北学刊，2007，27（5）.
② 姚春鹏. 象思维的基本特点［J］. 中医杂志，2014，55（18）.

深入体悟、习练，进一步达到求其"神似"，且在其习练过程中，体悟内气的大无外、细无内的存在和运行，最终达到"形与神俱、力与气一"的"立象尽意"武术高境界，圆满完成武术教学改革的目的任务。

(二) 尽意悟道：武术教学改革方式建构的核心思维

武术教学改革方式建构是一种在特定核心思维指导下的行动，是通过特定方式理论指导，完成武术教学任务，实现武术教育目的。即在原有武术教学基础上，通过特定改革方式，对武术教学中的某些具体方面进行改进，革去那些不适用的内容方法，保留和创新出更具生命力的武术教学之本，提升武术教学效果。可见，这种特定的核心思维是决定武术教学改革成败的关键。

长期以来，"师父带徒弟"的教育思维铸成了武术教学的核心思维，其内涵要求是"尽意悟道"。这一传统武术教育思维的特点是教师示范、领做，手把手的言传身教，并通过学生不断"观、摩"，深入体会、体悟，一步步达到教学目的。这里的"师父带徒弟"武术教育思维之"观"，属于动态整体直观或体悟，从根本上说是一种悟性活动，与常人之观有严格区别。常人之观，是指外视即眼睛看，而对于武术教学而言，这只是最低层面之观。武术"观物取象"之观相联系之象与这种用"眼睛看"之观相联系之象也是有严格区别的，后者只是外观之象，或表面有形之象，而武术"观物取象"之观的本真却是要把握武术动态整体之本真，就要超越这种用"眼睛看"之观和超越这种用"眼睛看"观之象，进入武术动态整体观①。"师父带徒弟"的教育要求：依据本源思维，以形象观察为开端，强调"心智"作用，以"尽意悟道"为终点，"依思惟道而生智"是其根本目的②。可见，要想使武术教学改革取得更好成效，圆满完成武术教学任务，武术教学改革方式核心思维必须回归到"尽意悟道"的本源上来。

(三) 知识与能力：武术教学改革方式推进成效的两种抓手

武术知识是武术先辈技击格斗实践经验的概括和总结，是习武者强身健体、防身自卫信念的目标、习武认知行为的目的。武术知识被视为一种习武人的心智状态，是习武人行为的统帅和向导。武术运动能力是增强武术竞争力的

---

① 王树人. 中国哲学与文化之根——"象"与"象思维"引论 [J]. 河北学刊，2007，27 (5).
② 王永炎，于智敏. 象思维的路径 [J]. 天津中医药，2011，28 (2).

核心要素，是完成武术运动技术目标所体现出来的综合素质，是一种比较稳定的个性特征，是习武人对套路、技击、格斗等技术内涵的探索、认知、创新水平的度量。武术运动能力的形成和发展较武术知识的获得要慢。武术知识与武术运动能力是习武者掌握套路、技击、格斗等技术内涵，以及检验武术教学改革方式推进成效的必备抓手。

我国在过去几十年来一直进行的武术教学改革进程中，出现了由"应试教育"向"素质教育"转轨的提法的讨论，由这一讨论衍生开去，便有了"知识优先"和"能力优先"之说，也就出现武术教学改革的"知识优先"与"能力优先"两种改革思潮，这是人们对"掌握武术知识"与"提高武术运动能力"哪个优先问题的认识论。武术教学改革中的"知识优先"是从"掌握武术知识"的重要性出发，而"能力优先"则是从"提高武术运动能力"的重要性出发的。无论是知识优先还是能力优先，武术教学改革的最终目的是更好的传授学生武术知识和提高武术运动能力。武术教学改革效果就是看这两种主要抓手的把握情况如何？即以生为本，学生掌握武术知识和提高武术运动能力是武术教学改革方式推进成效的两种主要抓手。

二、内部理路：以生为本、能力优先的武术教学渐进式改革

改革的方式内生于改革目标，是改革目标内在特性的外在要求，而改革目标又是社会结构发展的综合产物。武术教学改革目标是传承中华优秀传统文化，掌握武术健身、防身的基本技术，提高学生武术运动技能和健康水平，增强体质，传承国脉，这一改革目标中的提高学生武术运动技能之内在特性决定了改革方式。

技能是具有操作倾向和行动倾向的能力。武术运动技能是由若干武术套路和格斗动作构成的组织体系，是完成武术"打"和"演"活动任务，增强体质，传承国脉的一种方式。提高武术运动技能是学校武术教学的重要内容，是学生掌握和运用所习得的武术技术，在进行完成强身健体、防身自卫、修身养性等显性目标任务情况下，通过技术赋能，传承中华优秀传统文化，传承国脉，并形成终身锻炼身体，达到立德树人目的的能力。武术运动技能是通过后天不断习练武术技术、体验武术内涵、梯度推进、循序渐进、稳步发展而获得的。武术运动技能的形成是有层次和阶段性的，它是由简单到复杂、由低级到高级发展形成的。武术运动技能的形成并非单纯的身体活动，它还受到原有的

认知水平、自身情绪变化及周围环境等多种因素的影响。改革几十年来，学校不断推进以生为本、能力优先的教学改革，在教学改革各个环节中，始终贯穿着专业技能培养和人文素质培养，而武术运动技能形成的长期性和复杂性，决定了能力优先的武术教学改革方式是一种渐进式改革。

能力优先的渐进式武术教学改革是在基于完成学校武术教学任务、实现教学目的基础上，从武术课堂教学内部理路出发，按照武术课不同类型、不同组织形式，以生为本，把具有兴趣相同、运动水平相当的学生进行重新分组，调动学生的主体意识，充分发挥教师的主导作用，以掌握武术运动技术、提高武术运动技能为前提，促进学生主体感知发展、唤醒学生的主体体验、实现技术赋能，促进文化传承，大力倡导探究式、开放式教学方式，拓展武术课堂的空间和时间维度，实现武术教学的健身强体、防身自卫、传承国脉、立德树人功能。

（一）建构有效教学模式，促进学生主体感知发展，提高武术运动技能

动作技能的产生是神经系统对特定的功能性肌肉和关节配合的控制，以使动作协调，这样，个体才能根据环境指令完成动作。个体可以通过练习或经验来获得这些称之为"协调结构"的功能性配合。对于武术这样的组织水平高的动作技能，动作内部动力性更为连续，习武者要通过长时间的练习和体悟才能获得武术技能。

认知主义的整体结构理论把武术动作技能的形成解释为在特定的情境（动作行为环境）下，武术知觉在技击格斗意识的支配下，理解性地对各种攻防信息进行筛选或检索外部信息，把所摄取的攻防信息通过机体的外导系统（视觉、听觉、触觉）和内导系统（动觉、平衡觉）输入到相应的中枢神经系统进行编码、校正，经过反复多次的强化（反馈）、整合之后进行贮存的武术完整信息过程。发展性教育理论认为：武术教师要注重研究学生的习武兴趣、动机等内部诱因，促进学生的主体发展，教会学生理解习武过程、掌握习武方法。主体发展包括：主体的身体、攻防智力、技击格斗感知等发展，其中主体武术感知发展是主体的技击格斗观察力、攻防思维力和具体实际操作力发展的基础和条件，促进学生主体武术感知发展是武术教育的本质和基本功能属性。20 世纪 90 年代以来，国内教育界的武术专家学者不断把促进学生主体武术感知发展理论运用于武术课堂教学实践的研究中，对学生的武术主动参与与主体

发展进行了深入的全面分析，提出了一系列良好的建议，丰富了课堂教学活动，形成符合我国国情的发展性教育理论①。

武术感知是习武人的技击格斗感觉和知觉的过程，是攻防意识对内外信息的注意、感觉、知觉、觉察的一系列过程。习武人的感知发展是与习武人受教育的方向、目标、方式方法相关，其中，有效的武术教学模式，对促进习武者感知发展起积极作用。

武术是以静态的历史优秀传统文化载体为存在形式，是一种技击术，更多的是一种理念，一种哲学，一种思维和生活方式，亦是中国人解读身体、世界和人生的文化程式。只有人们在学习、习练武术的过程中才转化为动态，书读的多了，人生的阅历多了，主体感知发展了，自然会把这些所悟所得融入习武之中②。中国武术人的主体感知发展，是在中华文化的牵引下，在墨子实践性、身体性的感知基础上，建构了"以身感知，以体承载感知，以身体表征感知"的文化实践系统，形成了促进感知发展，提高运动技能的传统③。当然，现在的武术学习已经远不是武术先辈们创造武术时的时代背景了，在特殊情况下的反身性学习，通过"他者"的思维转向来审视当年武术缔造者的思绪，通过多维转向迂回一下，在传承中完成审美价值的再创造，才能成为现实意义上的文化，因此，教学中注重促进学生的武术感知发展就显得尤为重要。

武术文化内容丰富多彩，并且在历史的传承过程中，由于武术传承者自身的对武术概念言说和描述表达能力不及，导致武术传递的信息与身感知觉相离、知行不一现象经常出现，无法真正观照到身体经验的细部。如果现行的武术教学仍然采取以往常用的重"灌式讲解领作"轻"探究技术体验"做法，不促进学生主体感知发展，势必抛弃了习武的主体性，使得学生对武术承载技击技术和优秀传统文化深层内涵的感知不深，导致学生主体武术感知发展不够，教学效能发挥不够，无法圆满完成教学任务。"体"是一种"身体行为"，"悟"是直觉思维，"体悟"是一种身心并用实践方式，它是用武术的习练方式，但又与传统的简单重复的练习方式不同，是促进学生主体感知发展的有效方式。"体悟"作为传统的东方体践和思维方式，是中华武术技术习练的不二

---

① 张文会，等. 发展性教育理论在交通运筹学教学中的应用研究 [J]. 煤炭高等教育，2010，28 (2).

② 张峰. 学校武化教育的实施策略 [J]. 西安体育学院学报，2017，34 (5).

③ 戴国斌，刘祖辉，周延. "锻炼行道，练以成人"：中国求道传统的武术文化实践 [J]. 体育科学，2020，40 (2).

之法，武术技能习练是认识主体积极主动体践武术知识和技能的过程，以身体参与为武术认识起点，通过直觉思维达到对所依赖线索的超载，从而达到习练武术的目的。回归本源思维，建构武术"体悟"有效教学模式：建立缔造武术时的相关背景与原始技击格斗经验互为支撑面的习武本真空间；使用武术元认知策略，在技击格斗技术运用的情境中进行探索，把握学生对武术元认知的技击格斗技术运用程度；注重学生对武术功能的技击格斗、健身强体、文化传承等多元解读，通过"体悟"武术有效教学模式的实施，实现学生的主体武术感知，完成从"无意识的无能"到"无意识的胜任"自我认识的四个阶段历程。总之，回归本源思维，教师要创造出一种武术先辈缔造武术时的本真环境，教学中教师通过对武术承载技击技术和优秀传统文化深层内涵的技术炫示和言辞分析，通过不断深入的"体悟"实践，达到让学生把握武术的深层内涵，实现学生的主体武术感知、促进主体武术感知的不断发展，有利于学生武技能力的生成和提高。

(二) 武术技术赋能文化传承，唤醒学生的主体体验

任何系统及其秩序的建立都是由不同因素共同作用的结果，其中，技术作为一种解蔽方式、是实现人的目的的一种手段，它可分为工具性技术和事物自身运行技术。赋能是指通过一定方式方法的改变，给予另一事物"正能量"的过程，核心在于帮助"别人"成功。赋能是指行动的"资格"赋予向"能力"赋予的转变，是使工作效率最大化的有效方法。"技术赋能"就是指运用特定的技术手段，纳入某一领域的实践当中时，形成一种新的方法或手段，通过特定方式，赋予另一事物"正能量"，从而使另一事物工作效率和质量提升了，完成特定任务，帮助"别人"成功，达到特定的目的要求。中华武术具有的独特个性不仅在于自身的观赏性、竞技性，而更在于武术技术赋能中华优秀传统文化的传承，是中华民族传统文化的"全息影像"[①]。武术作为一种中国人解读身体、世界和人生的技击术，是一种理念、思维和生活方式，对于习武人的赋能为沉静自若，进退无惧，轻灵优雅，刚柔相济的东方哲学思维，传承着中华五千年的人类文明。

习武者既是通过知觉灵明而感知理解自身、环境与对手而修成武术技艺

---

① 王林，刘诗洁，潘炎. 中国武术传播的当代技击转向 [J]. 上海体育学院学报，2019，43 (9).

的。亦是以此理解武术感知为基础，将自身的体认"翻译"为"象言"，反过来也能通过"象言"接通自己的身感之知，唤醒自己的主体体验①。武术技术赋能优秀传统文化传承是将优秀传统文化传承融入武术技术学习、习练中来，变革文化传承方式，通过技术承载文化载体的主体体验唤醒，促进文化传承效果，提升传承国脉质量。武术技术赋能优秀传统文化传承，具体体现在三个方面：一是武术技术作为优秀传统文化载体的传承资源。在充分掌握武术技击、格斗技术的基础上，用发展和动态的观念丰富优秀传统文化传承内容，通过唤醒学生的主体体验，为传承国脉夯实基础。二是通过武术技术学习、习练以及不断深入体验、体悟，作为工具支撑文化传承过程的创新。通过武术技击、格斗技术文化体验，实现优秀传统文化内容建设和实施情境化、文化传承资源唤醒体验、传承方式多样化，提高习武者学习武术兴趣和认知水平。三是主体体验作为思维改变文化传承形态。跨界融合思维正在改变文化传承供给方式，极致体验思维改变文化传承向度方式，大数据思维推动文化传承的精准化。武术是东方文化的传播者与象征，更是中华文明的重要载体，通过武术技术赋能优秀传统文化传承，唤醒学生的主体体验，让越来越多的优秀传统文化能以更时尚、更具创意的方式走进人们的生活，从而实现优秀传统文化的新传承。

三、传统与现代：以生为本、知识优先的武术教学激进式改革

当今世界是科技极速发展和知识大爆炸时代，人类知识的高速增长，各种知识和信息会通过各种媒介、渠道涌入人们的视野，带给我们的可能是永远的无知。我们的生活还会随着科技的发展，变得更加的便携和智能化。互联网时代带给教学改革的是各种教学平台和教学方式齐聚一堂，不断改变人们的学习方式和记忆方式，共同炫示出不同的光芒。同时，"谷歌效应"也告诉我们：面对知识的洪流，我们很多时候都心有余而力不足，我们必须重新建立自己的知识观。

知识是人们行动和操作的基础和条件。科技极速发展带来武术知识的时代大爆炸，传统武术面对竞技武术的同化和社会的现代化转型，又增加了普遍竞技化现象，这就使得武术知识的分类也更加多层化和丰富多彩。马保国事件在媒体曝光之后，针对武术是否具有技击功能问题，在全国范围内再次引起了空

---

① 张震. 身体知识的象言化：传统武术"即象感身"的哲学论绎 [J]. 上海体育学院学报，2019, 43 (4).

前的讨论和批判。邱丕相先生认为：武术是既能打也不能打的运动项目。他从强身健体、防身自卫、娱乐身心出发，把武术分为：实战、技法、演练 3 种类型。一种是能打的实战型武术：主要指在古代军中和拳家内场习练的武术，其用兵方法、拳脚功夫，均立足于实战，讲究得时、得机、得势，注重反应、力量和速度。第二种是练熟能用的技法型武术：拳家们在长期实践中总结的踢、打、摔、拿等丰富而巧妙、练熟能用，练不熟用不上，用于防身，不适用于竞技对抗的打法、招法。且这种打法、招法又有一个很独特的特点，就是会的越多往往越无法应敌。第三种是演练型武术：在中华文化的牵引下，追求技击艺术境界的技击家，按照习武人的身体多方位运动诉求，对技击招法等构成元素进行了武术套路创编。当然，这种创造理念下完成的身体文化艺术形态，早已不再仅仅是一种操作技能了，它着重于起承转合的变化，意在强身健体、娱乐表演、传承国脉。这类武术就是人们平时说的"花架子"，从严格意义而言，此类武术更不能用于实战，但它却成为中华优秀文化传承的有形载体，起到传承国脉的重要作用。总之，三者有不同的价值取向，不能由一种价值取向简单地替代另一种价值取向。随着武术技术和价值的不断开发和发现，作为武术知识层面上的经验总结和概括更加丰富多彩，武术的知识量也就空前的膨胀。改革几十年来，学校不断推进以生为本、知识优先的教学改革，在教学改革各个环节中，始终贯穿着专业知识培养和专业文化培养。同样，武术的知识时代大爆炸出现，为了迅速拓宽习武者的知识视野，激进式武术教学改革方式也就成为知识优先的一种重要选择。

　　武术教学是一个系统工程，依赖一定的教学系统。知识优先的武术教学改革是基于完成学校武术教学任务、实现教学目的基础上，从武术课堂教学内部理路出发，以生为本，把具有兴趣相同、运动水平相当的学生进行重新分组，调动学生的主体意识，充分发挥教师的主导作用，以掌握武术知识为前提，告别"舒适区"，从强身健体、防身自卫互根互体出发，在武术教师精确使用课程平台和现代教学工具情况下，运用线上线下有机结合授课新方式，拓展武术教学的空间和时间维度，促进文化传承，实现武术教学的健身强体、防身自卫、传承国脉、立德树人功能。

　　（一）强身健体、防身自卫互根互体，建构自主参与，自然、舒适的学习环境

　　人民健康是国家富强、民族昌盛的重要标志。建立健全健康教育体系，形

成有利于健康的生活方式是国家发展的重要国策。生命在于运动，运动需要科学，科学的强身健体是当前国家发展的重要策略。2009 年国务院颁布了《全民健身条例》，国家武术运动管理中心依据《全民健身条例》推出了"科学习练武术、传承民族文化、强健民族体魄"活动。2011 年国务院颁布的《全民健身计划（2011—2015 年）》指出："广泛组织传统武术等健身活动"。2016年中共中央、国务院印发了《"健康中国 2030"规划纲要》，2017 年习近平总书记在十九大报告中提出了科学运动、健康生活，倡导健康文明生活方式，发展健康产业的健康中国发展战略。2019 年国务院办公厅印发《健康中国行动组织实施和考核方案》，这一系列的计划、条例、纲要和方案的制订和实施，充分告诉我们，我国已经把健康教育纳入国民教育体系，把健康教育作为所有教育阶段素质教育的重要内容，强身健体、健康发展是国家发展的时代强音。并以中小学为重点，建立学校健康教育推进机制，大力发展武术等传统运动项目，推动强身健体生活化。构建学科教学与教育活动相结合、课堂教育与课外实践相结合的教育模式。

教育部体卫艺司长王登峰①指出：当前，学校体育工作要牢记提高人民健康素质，培育爱国主义、集体主义和顽强拼搏精神。学校武术作为学校体育的一个重要组成部分，它的发展与学校体育发展的根本任务和教育目标是一致的。中国武术虽然拳种众多、流派纷呈，但从它们的功能价值上看，具有共同的特点，那就是：强身健体、防身自卫，并且随着武术这些功能价值的实现，会使武术习练者在精神层面得以培养。由于武术项目自身的独特特点：实战型武术具有极强的无规则性、应急性、致命性特征，是毫无定法、克敌制胜的技击表现形式；练熟能用的技法型武术是踢、打、摔、拿等丰富而巧妙的技击要素，用于防身健体的打法、招法外现形式；演练型武术是追求技击艺术的行云流水、诗情画意的文化技艺形式，而武术项目自身的这些特点在进行武术身体教育的过程中，又形成一个整体功能，其中强身健体是武术身体教育的普通功能，而防身自卫是中国漫长几千年历史进程中，产生、发展和一直延续至今的武术身体教育的技击内涵功能。武术教学改革就是使武术的强身健体、防身自卫整体功能一体化发挥出来，使它们能够做到互根互体，功能相互支撑并得以实现。从武术健身、防身目的出发，以"第一课堂教学和第二课堂提高"学习形式为完成目标的基本方式，在第一课堂教学时数少这一事实情况下，学生

---

① 王登峰. 增强体质和培育体育精神是学校体育之要义 [N]. 中国教育报, 2017-08-19 (3).

主要掌握武术基本技术和要领，而运用武术技术进行健身强体、防身自卫，则是在第二课堂武术课外俱乐部、竞赛训练队的一体化模式内进行消化、巩固、运用、提高，通过这种特定的武术习练复习巩固，达到健身强体、防身自卫的目的。

"强身健体，防身自卫，锻炼行道，练以成人"。习练武术、传承文化，是习武人强身健体、防身自卫互根互体情况下，培养人的过程。建构习武人自主参与，自然、舒适的习武环境，是武术教育不断深化对"动作-身心-人"认识的行道过程，更是武术主体"由社会人-武术人-传承国脉人"的成人过程。

（二）告别"舒适区"，线上线下有机结合，共铸激进改革

"舒适区"是指在没有学习难度或者习以为常的事务情况下，自己处于舒适的一种心理状态，多数时候是人们习惯处于学习的"舒适区"。在面对当今知识大爆炸、科技日新月异的时代，带给人们的是知识的"心有余而力不足"和可能永远的无知。如何快速掌握一个技能，或者说快速对一门学科登堂入室，已经成为现代人的必备技能了。从认识论视角看，技能的掌握有四个基本阶段：无意识的无能-自我觉察到无能-有意识的胜任-无意识的胜任。到第四个阶段后，人们的技能已经成为第二天性，已经优秀到可以指导别人了。告别"舒适区"，人们可以通过具有一定挑战的"学习区"改造，在不断改变不适情况下，使人进步、提高，快速掌握对一门学科登堂入室的技能。

中国武术从原始单纯的博杀技术逐渐异化为虚拟技击、"遍地花法"的套路和"五花八门"的武术健身形式，后到武术套路的竞技化，这无疑使武术知识量得以无限的扩充、丰富。而武术课时少、师资薄弱、场地器材受限、教学效能不高等现实状况与武术知识时代的大爆炸之间的矛盾问题比较突出。要想圆满完成武术教学任务，只能通过"学习区"改造，快速掌握对一门学科登堂入室的技能，提高教学效能，完成教学任务[①]。

第二课堂武术提高是一种告别"舒适区"进行"学习区"改造的高效能、知识优先的武术学习形式，它是为了进一步巩固和提高武术第一课堂学习成果，在第一课堂的基础上，扩展武术习练时间和教学组织形式的学习方式，提供学生适合武术第一课堂学习成果巩固并能应用实践的学习环境与条件，进一

---

① 张峰. 学校武术教学改革实施策略 [J]. 上海体育学院学报, 2016, 40 (6).

步巩固和加强武术第一课堂相关的教学活动内容，有组织、有计划地开展课外实践教育活动。第二课堂武术提高是在武术教师精确使用相关课程平台和教学工具情况下，由学校提供网络教学平台，学校教务部门联合超星、学堂在线、智慧树、中国大学慕课等课程服务公司，通过超星教学工具：学习 APP；学堂教学工具：雨课堂；智慧树教学工具：知到—教师版；中国大学慕课等平台，充分利用丰富教学资源，组建武术线上线下结合的授课交流学习平台，进行第二课堂武术学习。除线上线下结合的新型指导外，俱乐部、竞赛训练队一体化模式是应对当前因武术的多种异化而导致的知识量无限扩充和丰富的武术知识爆炸的另一模式。以上教学模式能使教师更新教学理念、转变教学方法，充分利用现代网络教学平台和教师的自身教学优势，使第二课堂武术学习方便快捷、生动具体，创造武术实践应用的学习环境与条件，形成"以学生为中心"的武术技术实际运用模式。通过线上线下结合、俱乐部-竞赛训练队一体化的新型第二课堂武术学习方式，告别"舒适区"，唤醒习武者的体验，促进习武者感知发展，调动学生的参与性，给学生提供足够的武术实践机会，让学生有足够的机会在"真实的情境"下进行武术实践，继而达到巩固第一课堂所学武术知识和提高武术实际应用能力的目的[①]。

国家需要完善中华优秀传统文化教育，落实推行"中华优秀传统文化的传承发展"决策部署，完成"弘扬民族文化、培养民族精神"的重任。在回归本源思维的认知下，通过审视改革方式，对我国武术教学改革不同推进逻辑的研究后，却发现武术教学改革中出现的一系列问题仍停留在理论层面，实践环节未落实到位，呈现出"发现问题，而没有很好地解决问题"的尴尬局面。究其原因：武术运动有自身的内部理路，要掌握其运动规律，仍在于"观物取象"之体悟和"象以尽意"之体悟。武术教学需回归本源思维，以形象观察为开端，强调"心智"作用，先求其形似，进而求其神似，做到"立象尽意"，实现"形与神俱"，达到"尽意悟道"目的。由于当今武术知识量空前膨胀，而学生用于习武的时间又太少，致使武术教学改革的推进过程面临巨大阻力。为了破解武术教学改革面临的此种困境，回归武术教学改革方式建构的核心思维，探讨武术教学改革激进和渐进两种推进逻辑：以生为本、以掌握武术知识和提高武术运动能力为抓手，促进学生主体感知发展，唤醒学生主体体

---

① 徐猛，严家高. "三位一体"实践教学体系的构建——以山东体育学院为例 [J]. 山东体育学院学报，2018，34（6）.

验，建构学校武术教学、科研、训练竞赛的一体化模式，是对武术人才培养的渐进变革；为了解决当今武术知识量空前的膨胀和学生习武时间太少之间矛盾问题，告别"舒适区"，健身防身互根互体、线上线下有机结合，建构自主参与、自然、舒适的学习环境，则是对武术人才培养的现代化激进式创新。

提高学生武术运动能力是一个循序渐进的过程，应该从促进学生主体感知发展，唤醒学生主体体验出发，侧重于渐进式改革；而在掌握武术知识方面，应该侧重于激进式改革，直接针对影响掌握武术知识效率集中、严重的地方改革，提高学习效率，夯实改革基础。总之，尽管激进与渐进武术教学改革的逻辑基础差异很大，但对于充分实现武术教学效能的发挥和实现武术教学改革目标来说，二者仍是一个相互交融的过程。在改革的进程中，两者不能孤立开展，应该同等重视，相伴进行。

第二节　武术教学改革的创新——多功能一体化武术教学

学生是祖国的未来和希望，是祖国富强、民族振兴的生力军，他们的身心健康关乎祖国的发展。如何通过武术教学改革，提升学生运动能力、培养吃苦耐劳精神、提高身心健康水平是新时代学校武术教育的重要任务。当前学校武术教学改革需要解决的主要问题是教学模式单一、陈旧，课堂教学传统、呆板，教学体制缺乏生机，学习环境激发教学效能不足，评价机制不能反映教学水平等问题，严重制约着学校武术教学效能的发挥与实现①。为实现学校武术教学传承中华优秀文化功能、提高学生健康水平和增强体质的提升要求，本节以多功能一体化学校武术特色教学研究为切入点，深剖青少年学生强健身心滞后于我国物质实践取得成就的内部理路，以武术教学改革创新为出发点和归宿，建构符合学校武术教学特点的多功能一体化武术教学新模式，为武术教学发展提供依据，推进武术教学建设进程。

一、多功能一体化武术教学

多功能一体化武术教学是在基于完成学校武术教学任务、实现教学目的基

---

① 邱丕相，王国志. 当代武术教育改革的几点思考 [J]. 体育学刊，2006，13（2）.

础上，从武术课堂教学内部理路出发，按照武术课不同类型、不同组织形式，以生为本，把具有兴趣相同、运动水平相当的学生进行重新分组，调动学生的主体意识，充分发挥教师的主导作用，大力倡导探究式、开放式教学方式，拓展武术课堂的空间和时间维度，实现武术教学的健身强体、防身自卫、传承国脉、立德树人功能。

通过对学校武术教学调研发现：受历史惯性影响，目前学校武术教学是根据现有的武术教师队伍状况、学校武术教学设施、学生兴趣、学校武术教学史等课程资源，以及学生选择武术专项的具体情况，按年级和上课时间不同，分班进行课堂教学。而从培养人才的整体教育观出发，打破原有自然年级，选择兴趣相同、运动水平相当的学生，重新编班进行课堂教学，采用不同武术教学组织形式、不同武术项目分类，建构"武术第一课堂教学和第二课堂提高"模式和方法是实施多功能一体化武术教学改革的基础、基石。

(一) 多功能一体化武术教学的内涵厘定

依据学校教育的总体要求，结合武术课程的内部逻辑，考虑到武术课程内容的庞大性和广泛性，为了使武术教学真正成为传承国脉的主要内容和基本方式，面向学生开设武术技击格斗、太极、徒手拳术、器械、防身术等多种类型的课堂教学；从组织形式上：可以打破原有年级、班级、系别，根据学生的现有武术技术水平、身体素质、掌握新授知识能力和兴趣爱好，进行统一评估和重新编班上课，满足不同水平、不同兴趣、不同层次学生的需要，建构一种功能齐全、一体化管控的新型教学方式——多功能一体化武术教学，总之，多功能一体化武术教学就是为了完成学校武术课程中的技击格斗、太极、徒手拳术、器械、防身术等多种教学目标任务，按照特定的课堂组织形式，以生为本、充分发挥教师的主导作用，调动学生的主体意识，统筹兼顾，课内课外一体化传承国脉，实现多项功能的武术教学。

(二) 多功能一体化武术教学的实施依据

为全面提高学生的健康水平，推动健康学校建设，学校作为贯彻落实《国家中长期教育改革和发展规划纲要 (2010-2020 年)》和《中共中央国务院关于印发"健康中国 2030"规划纲要》等健康教育工作要求的主要机构，教学工作得到高度重视。加强学校健康教育力度，建构教学活动与学科教学、课外实践与课堂教育相结合的健康教育一体化被提到学校教育工作的主要日程上来，并出台了一系列方针政策：培育学生熟练掌握一项运动技术和具备一项运动技能，把培养学生的终身体育意识作为学校教育的基本目标和重要考评内容；大力开展学生健康生活方式行动，开展健康体重、健康骨骼等专项行动；建立技能核心信息和健康知识发布制度；广泛开展"武术进校园活动"，确保学生校内每天体育活动时间不少于 1 小时，积极开展课余体育活动，提高学生身体素质和健康素养①。目前，"健康第一""增强体质""传承国脉"被确立为新时代学校武术工作的指导思想。

针对当前部分学生健康意识淡漠，作息不规律、睡眠不足、锻炼不够、促进和维护自身健康能力不足等不健康生活方式，教育部于 2017 年 6 月 14 日颁布了《普通高等学校健康教育指导纲要》，提出："多途径加强健康教育教学能力建设，加大学校健康教育力度，将健康教育纳入国民教育体系，把健康教育作为所有教育阶段素质教育的重要内容"。武术教育对提升青少年身心健康有积极作用，因此，在《普通高等学校健康教育指导纲要》规制下，武术教学作为新时代高校健康教育的具体实践路径得以重用。

（三）开展多功能一体化武术教学的模式与方法

教学系统（Instructional System）是由学生、教师以及环境等动态因素构成。在教学系统中，教师和学生是人的要素，起控制和制约作用，教学媒体和物理环境是物的要素，是相对静止、师生互动交流的载体。为了实现某种教学目的，具有一定教学功能的整体，是教学系统的子系统。建构科学合理的武术教学系统是完成武术教学任务、保证武术教育目实现的必经之路。

开展多功能一体化武术教学是一个系统工程，依赖一定的教学系统，要保证这一系统工程的顺利、畅通运转，其架构要综合考虑。依据我们在山东、上海、深圳、南京、西安、四川等地的前期调研，我们可用层级架构示意来表示。就学校层面，在最上一层级是决策层，即武术部主任；第二层级是管理层，即武术教学秘书；第三层级是落地层，即具体的武术教学方面②。在具体的武术教学改革和实施中，我们可以将多功能一体化武术教学以三种组织类型进行开展：1. 线上线下结合武术选项课："第一课堂教学和第二课堂提高"；

① 中共中央关于全面深化改革若干重大问题的决定［N］. 人民日报，2013-11-16（01）.
② 张茂林，邱丽. 学校武术课程改革的困境与出路［J］. 山东体育学院学报，2019，35（5）.

2. 武术俱乐部锻炼（太极、长拳、刀、枪、棍、剑、散打、防身术、地方拳种等）；3. 武术运动队训练①。

1. 武术选项课：线上线下有机结合

2016 年，共青团中央、教育部在《高校共青团改革实施方案》中提出了高校共青团"第二课堂成绩单"制度，这一制度是契合学生需求、顺应国家教育改革潮流、促进教育深化改革的必然选择，强化了第二课堂的目标导向和过程属性。为迎合国家教育发展要求，"第二课堂成绩单"网络管理平台如雨后春笋，在全国各级各类学校范围内遍地开花。

为了进一步巩固和提高武术第一课堂学习成果，依据武术教材及教学大纲要求，在第一课堂的基础上，扩展武术教学时间和教学组织形式的学习方式，提供学生适合武术第一课堂学习成果巩固并能应用实践的学习环境与条件，进一步巩固和加强武术第一课堂相关的教学活动内容，是实施持续性学习的重要探索和保证，也是学校武术教学改革的重要组成部分。第二课堂武术选项课学习是开展多功能一体化武术教学的一种常用形式，是指在学校统一管理与武术教师的指导下，学生志愿参加的有组织、有计划开展的第二课堂武术选项课课外实践教育活动②。第二课堂武术选项课是武术第一课堂的延伸和有效补充，是在武术教师能够精确使用相关课程平台和教学工具情况下，由学校提供网络教学平台，学校教务部门联合超星、学堂在线、智慧树、中国大学慕课等课程服务公司，通过超星教学工具：学习 APP；学堂教学工具：雨课堂；智慧树教学工具：知到—教师版；中国大学慕课等平台，充分利用丰富教学资源，组建武术线上线下结合的授课交流学习平台，进行第二课堂武术选项课教学。

第二课堂武术选项课学习是与武术课堂教学密切相关的课外武术活动，是武术教学整体的两个方面，二者结合做到两种课堂活动既分工又协作，是促进学生深化武术学习的重要手段和路径。学生通过积极参与武术第二课堂技击格斗技术的实践应用，能够直观理解和深刻领会武术技击格斗技术的创编原理和应用时机，调动学生学习武术的积极性和创造性，提高学生的武术技击实践能力和应用能力。

传统武术课堂教学是以教师的"教"为主，教师主要采用讲解领作方式

---

① 王柏利. 武术教学中文化教育性的缺失及重塑 [J]. 沈阳体育学院学报, 2009, 28 (6).

② 曾剑雄, 宋丹, 高树仁. 大学生第二课堂研究：历程、焦点与前瞻——基于 1999—2016 年 CNKI 的文献述评 [J]. 重庆高教研究, 2017 (6).

方法进行，教学过程过于重视体育化肢体技术教学，缺乏学生主体体验的唤醒，评价量化使学生缺乏主体感知，学生始终处于从属地位，没有发挥学生的主动积极性，缺乏对学生个体"精、气、神"层面的人文精神培育，学生学习动机激发不够、兴趣培养不足，造成武术教学枯燥无味、费时低效。开设武术第二课堂学习，在第二课堂武术学习过程中，教师更新教学理念、转变教学方法，充分利用现代网络教学平台和教师的自身教学优势，采用线上、线下有机结合的授课方式，使第二课堂武术学习生动具体，创造技击格斗实践应用的学习环境与条件，形成"以学生为中心"的技击技术实际运用模式，培养他们自主创新、独立思考的能力。通过唤醒学生的主体体验，促进学生主体感知发展，调动学生的参与性，给学生提供足够的技击实践机会，让学生有足够的机会在"真实的情境"下进行技击格斗实践，继而达到巩固第一课堂所学武术知识和提高武术实际应用能力的目的①。

总之，武术第二课堂学习是通过学校提供合适的网络教学平台，通过线上、线下有机结合教学，为学生提供更多更好的技击应用环境，有利于丰富校园文化生活，推动武术教学、活跃校园武术学习的氛围，有利于培养新时代学生的自主学习能力和自我创新能力，培养学生综合文化素养，提升学生积极向上的心理素质。

2. 武术俱乐部锻炼：健身、防身互根互体

武术俱乐部锻炼是开展多功能一体化武术教学的另一种形式，是在学校武术协会的引领下，从武术健身、防身目的出发，以俱乐部为第二课堂组织学习形式，通过特定的武术项目复习巩固习练，达到健身强体、防身自卫的目的，是第一课堂武术教学的延续。要实现提高学生的身体素质，提高他们的运用武术技术进行健身强体、防身自卫的能力，提高武术教学质量，必须通过武术"第一课堂教学和第二课堂提高"才能实现。第一武术课堂教学的教学时数少，学生主要掌握武术基本技术和要领，而运用武术技术进行健身强体、防身自卫，需要在第二课堂武术课外俱乐部内进行消化、巩固、运用、提高。第二武术课堂俱乐部可以采用每周固定时间，进行3~4次有武术选项教师辅导的活动。为了提高学生的身体素质，促进学生运用武术技术进行健身强体、防身自卫，提高学生参与活动的积极性，第二武术课堂武术单项俱乐部学习起到重要作用。第二课堂武术课外俱乐部活动，是由各武术单项俱乐部主任管理组

---

① 张峰. 学校武化教育的实施策略［J］. 西安体育学院学报，2017，34（5）.

织，在保证完成武术课堂教学任务的基础上，通过组织第二课堂武术俱乐部联赛，提高学生的健身强体、防身自卫能力。

3. 武术运动队训练：运动成绩提高

武术运动队训练是开展多功能一体化武术教学的另一种形式，是对少数有志于继续提高武术专项能力和挖掘自身武术运动潜质的学生，采用小班、以实践为主的武术教学授课形式，是竞技体育的重要组成部分。即学校指定有一定武术训练水平的老师作为教练，依据武术训练目标，以特定的形式，有组织、有计划地对具有一定武术运动能力、运动成绩和竞技水平的学生进行武术课外授课，是实现学生个体的发展、提高武术技术水平、专项成绩、社会参与能力、社会组织和管理能力的主要方式①。学生可通过分层俱乐部锻炼和武术专项班学习，再进入到有武术专项教师专门指导的学生武术运动队竞技授课训练中来，这部分学生一方面能够继续提高武术专项竞技水平，以后如果成绩突出，照样可以代表学校参加各种武术比赛②。

二、多功能一体化武术教学随教学体制改革而变化

体制是指一定的制度、规则，一定的组织方式，组织结构，是指有关组织形式的制度，是管理机构和管理规范的结合体或统一体。武术教学体制是武术教学机构与武术教学规范的结合体、统一体，它是由武术教学的机构体系与武术教学的规范体系所组成。武术教学改革是随着社会的发展，旧的教学方式和学习方法不适应时代发展的需要，不得不进行变革或者进行调整改变，即改变武术教学过程中只注重武术套路技术、肢体动作的传授倾向，而缺乏武术文化和武术技击格斗等武术本质性技能的传授，促进学生主体感知发展和主体体验的唤醒，调动学生的参与性，引发学生的学习武术的兴趣，形成积极主动的学习态度，使获得武术文化、武术技术知识与技击格斗技能的过程成为学会学习和形成正确价值观的过程。深化武术教学改革引发了武术教学体制的改革，为了优化管理结构、合理利用武术教师资源，武术教学部门对管理机构应适当进行调整。重新设立岗位，取消传统的年级教研室，譬如可以设立体委办公室主任、学科办公室主任、教学秘书等层级。学校最上一层级是主管武术校级领

---

① 陈希. 变革时期我国大学武术的组织与管理 [J]. 体育科学，2002，22（4）.

② 邹师，冯火红. 我国普通高校武术俱乐部的类型与特色研究 [J]. 北京体育大学学报，2003，26（1）.

导；第二层级是武术教学部主任；第三层级是包括武术学科建设、武术科学研究、武术办公室等；武术办公室有包括：武术宣传报道、武术竞赛、武术器材、武术场地、武术代表队管理、武术工会、行政事务等。实行主任负责制，以自愿报名和推荐的形式选拔青年骨干教师担任主任，各武术项目的教学、教学法研究、科研、课外健身、训练、课余比赛、裁判培训以及武术专业教师的业务提高等方面均由主任负责。新体制的运行实行分类逐级负责制管理方式，科学、合理的管理模式，始终以武术教学为核心，为武术教学改革的实施提供有力的保障①。

三、多功能一体化武术教学建构自主参与，自然、舒适的学习环境

效能是指办事的工作能力和效率，是系统期望达到一组具体任务要求的程度，是指效力、效率、功效、作用等，是为达到系统目标的程度。武术教学效能是指教师教授武术工作的能力和效率，学生和武术教师的全身心投入是武术教学效能发挥的关键因素。多功能一体化武术教学形式多样，学生可根据自己的兴趣爱好和平时的基础来挑出适合自己的"武术拼盘"，这种新型综合式武术教学给学生创造出自由选择的机会更多，创造出舒适、自然的武术学习环境使学生更加自愿主动参与，调动学生和老师全身心投入武术技术教学和技击格斗能力提高上来，使他们以一种完全自主、自愿的行为参与武术教学过程中，提高了学生学习武术的兴趣，提高了武术教育效能，形成良性循环，使自然和社会条件一般的学生都有机会实现自己习练武术的目标，成就当"武侠"的理想②。

---

① 徐猛，严家高."三位一体"实践教学体系的构建——以山东体育学院为例［J］. 山东体育学院学报，2018，34（6）.
② 张峰. 学校武术教学改革实施策略［J］. 上海体育学院学报，2016，40（6）.

参考文献

［1］［法］勒庞. 乌合之众：大众心理研究［M］. 冯克利，译. 北京：中央编译出版社，2005.

［2］［美］爱德华·希尔斯. 论传统［M］. 傅铿，吕乐，译. 上海：上海人民出版社，2009.

［3］《关于武术教育改革和发展的研究》课题组. 改革学校武术教育弘扬中华民族精神［J］. 中华武术，2005（7）.

［4］安在峰. 固本培元健身桩［J］. 健身科学，2011（2）.

［5］蔡仲林，翟少红. 体育教育专业武术必修课程现状对策研究［J］. 武术科学，2004（5）.

［6］曹志清. 形意拳理论研究［M］. 北京：人民体育出版社，1999.

［7］曾剑雄，宋丹，高树仁. 大学生第二课堂研究：历程、焦点与前瞻——基于1999—2016年CNKI的文献述评［J］. 重庆高教研究，2017（6）.

［8］曾庆国. 民族传统体育专业武术技击类课程构建的探讨［J］. 运动，2016（2）.

［9］曾杨. 论高校教育信息化建设对高校武术教育的影响［J］. 成都中医药大学学报（教育科学版），2014（3）.

［10］陈伟然. 儒家思想对齐鲁武术文化发展路径的影响［J］. 新疆社会科学，2017（1）.

［11］陈希. 变革时期我国大学武术的组织与管理［J］. 体育科学，2002，22（4）.

［12］陈小龙，李先长. 建国后中小学武术教材的回顾与展望［J］. 西安体育

学院学报，2006（5）.

［13］陈雁飞. 中国学校武术教育沿革与发展、反思与探索［M］. 北京：北京
出版社，2005.

［14］戴国斌，刘祖辉，周延. "锻炼行道，练以成人"：中国求道传统的武术
文化实践［J］. 体育科学，2020，40（2）.

［15］戴国斌. 门户对拳种、流派的生产［J］. 上海体育学院学报，2013（4）.

［16］戴国斌. 武术的文化生产［D］. 上海：华东师范大学，2008.

［17］单清林. 谈拳论道话"三体"［J］. 搏击，2013（3）.

［18］冯文杰. 中华武术的现代传承与发展［M］. 北京：中国商务出版
社，2018.

［19］高成鸢. "水火"范畴与中华文明论纲［J］. 文史哲，2019，370（1）.

［20］高根龙，邱丕相. "未习打，先练桩"［J］. 上海体育学院学报，1984
（1）.

［21］勾庆华. 因疫居家，共筑微信公众平台的武术课程研究［J］. 武术研究，
2020，5（7）.

［22］顾齐洲. 中国武术文化与学校武术教育探索［M］. 哈尔滨：东北林业大
学出版社，2019.

［23］关博. 武术教育文化论［M］. 北京：人民体育出版社，2015.

［24］郭振华. 传统武术文化思想中的现代教育价值阐释［M］. 北京：光明日
报出版社，2015.

［25］韩红雨，周嵩山，马敏卿. 传统武术门户准入制度的教育社会学考察
［J］. 广州体育学院学报，2013（5）.

［26］韩明霞. 新常态下慕课模式在高职院校武术教学中的应用研究［J］. 集
宁师范学院学报，2020，42（3）.

［27］郝士钏. 西方先哲思想全书［M］. 北京：中国城市出版社，2011.

［28］郝伟可. 关东武术文化国际传播的历史脉络研究［J］. 武术研究，2020，
5（11）.

［29］何镜宇. 王芗斋拳学改革之特色及评价［J］. 体育文史，1991（4）.

［30］洪浩. 段位制：学校武术教育现代化的新发展［J］. 搏击（武术科学），
2013（10）.

[31] 胡平清. 武术教育的当代价值研究 [M]. 北京：北京体育大学出版社，2016.

[32] 蒋亚明. 段位制考试走向标准化 [N]. 中国体育报，2011-5-26 (007).

[33] 静磨剑. 大成拳养生桩能换劲吗？[J]. 中华武术，2001 (4).

[34] 康戈武. 杨澄甫定型架的意义和启示 [J]. 体育文化导刊，2007 (4).

[35] 李翠霞. 解构武术 [M]. 北京：经济日报出版社，2017.

[36] 李宏，王志强. 形意拳筑基功——三体式 [J]. 武当，2004 (8).

[37] 李明洋，杨桂其，史传华. 基于传统文化传承视角的普通高校武术教学路径创新 [J]. 当代体育科技，2019，9 (29).

[38] 李雪，李云鹏，赵松鹤. 翻转课堂模式应用于散打教学的 SWOT 分析 [J]. 体育科技文献通报，2019，27 (11).

[39] 李仲轩口述，徐皓峰整理. 逝去的武林：一代形意拳大师口述历史 [M]. 海口：南海出版社，2009.

[40] 列宁. 列宁选集（第 2 卷）[M]. 北京：人民出版社，1972.

[41] 刘彩平. 当代学校武术教育价值刍论 [M]. 北京：北京体育大学出版社，2011.

[42] 刘海科. 武术教育与发展通论 [M]. 武汉：湖北科学技术出版社，2017.

[43] 刘云樵. 八极拳 [M]. 台湾：新潮社出版，1992.

[44] 卢虹. 应用型教师发展研究 [M]. 上海：同济大学出版社，2019.

[45] 罗铁江. 梅山武术功法简述 [J]. 搏击，2011 (10).

[46] 马克思，恩格斯. 马克思恩格斯全集（第 3 卷）[M]. 北京：人民出版社，1960.

[47] 马克思，恩格斯. 马克思恩格斯选集（第 1 卷）[M]. 北京：人民出版社，1995.

[48] 马文国. 文化全球化背景下武术教育的价值 [J]. 武术研究，2017，2 (8).

[49] 马晓璐. 当代中国传统武术教育价值的研究 [D]. 苏州：苏州大学，2011.

[50] 买正虎. 形意拳功法研究 [J]. 科学健身，2000 (4).

[51] 毛明春. 拳无功，一场空 [J]. 搏击，2004 (11).

[52] 梅汉超. 武术套路普修教程 [M]. 武汉：湖北科学技术出版社，2018.

[53] 门世豪，李臣. 新时代学校武术教育的价值向度 [J]. 湖北体育科技，2020，39（6）.

[54] 邱丕相，王国志. 当代武术教育改革的几点思考 [J]. 体育学刊，2006，13（2）.

[55] 邱丕相. 体用兼备的劈挂拳 [J]. 武林，1982（9）.

[56] 邱丕相. 武术初阶 [M]. 上海：上海教育出版社，2012.

[57] 申国卿，邓方华. 中国武术导论 [M]. 重庆：重庆大学出版社，2016.

[58] 沈胜利. 看真实武林，忆名师功夫 [J]. 新民周刊，2013（35）.

[59] 司马迁. 史记·太史公自序（第七十）[M]. 上海：上海古籍出版社，1986.

[60] 孙禄堂. 孙禄堂武学录·拳意述真 [M]. 北京：人民体育出版社，2000.

[61] 田文林. 和谐社会视角下武术精神内涵及价值之探究 [J]. 中华武术（研究），2015，（C1）.

[62] 万籁声. 武术汇编 [M]. 北京：中国书店，1984.

[63] 王柏利. 武术教学中文化教育性的缺失及重塑 [J]. 沈阳体育学院学报，2009，28（6）.

[64] 王丹. "慕课+翻转课堂"在高校武术教学中的构建与应用 [J]. 当代体育科技，2021，11（13）.

[65] 王登峰. 增强体质和培育体育精神是学校体育之要义 [N]. 中国教育报，2017-08-19（3）.

[66] 王家忠. 荆楚武术文化研究 [J]. 安徽师范大学学报（自然科学版），2017，40（5）.

[67] 王剑. 荆楚武术文化的界定研究 [J]. 体育世界（学术版），2014（8）.

[68] 王健，孙小燕，陈永新. 中国武术文化的传承教育与可持续发展 [M]. 长春：吉林人民出版社，2019.

[69] 王江涛. 大数据与人才培养融合研究 [M]. 北京：北京工业大学出版社，2018.

[70] 王金花. 健康中国与全民健身的融合发展研究 [M]. 北京：北京理工大学出版社，2018.

[71] 王林，刘诗洁，潘炎. 中国武术传播的当代技击转向 [J]. 上海体育学院学报，2019，43（9）.

[72] 王南湜. 中西思维方式的差异及其意蕴析论 [J]. 天津社会科学，2011（5）.

[73] 王庆丰. 郭云深的"半步崩拳"对形意拳的传承与发扬 [J]. 兰台世界，2013（9）.

[74] 王庆贤，东芬. 大学体育教程 [M]. 苏州：苏州大学出版社，2018.

[75] 王树人. 中国哲学与文化之根——"象"与"象思维"引论 [J]. 河北学刊，2007，27（5）.

[76] 王涛，花蕊. 大学武术教程 [M]. 徐州：中国矿业大学出版社，2012.

[77] 王潇. "整"从"桩"来 [J]. 中华武术，2003（8）.

[78] 王晓晨. 学校武术教育百年变迁研究 [M]. 北京：人民体育出版社，2018.

[79] 王选杰. 大成拳法要集成 [M]. 北京：北京体育学院出版社，1992.

[80] 王耀文，成英，逯中伟，等. 武术文化传承与教育研究 [M]. 北京：光明日报出版社，2015.

[81] 王永炎，于智敏. 象思维的路径 [J]. 天津中医药，2011，28（2）.

[82] 吴连枝. 吴氏开门八极拳 [J]. 中华武术，2003（3）.

[83] 吴丕清. 回族武术八极拳考述 [J]. 回族研究，2004（3）.

[84] 肖前. 马克思主义哲学原理（第2版）[M]. 北京：中国人民大学出版社，1998.

[85] 谢小龙，焦健华，刘海粟. 微课翻转课堂与高校武术教学改革的融合分析 [J]. 黑龙江科学，2021，12（21）.

[86] 徐猛，严家高. "三位一体"实践教学体系的构建——以山东体育学院为例 [J]. 山东体育学院学报，2018，34（6）.

[87] 许贵泉. 慕课时代下高校武术教学的突破路径 [J]. 当代体育科技，2019，9（34）.

[88] 杨爱华，王媛，陈凤超，等. 大学体育与健康 [M]. 成都：西南交通大学出版社，2017.

[89] 杨冠强. 普通高校武术教学改革与创新研究 [M]. 沈阳：白山出版

社, 2014.

[90] 杨鸿尘. 郭云深与半步崩拳 [J]. 体育文史, 1985 (4).

[91] 杨建营, 邱丕相, 杨建英. 学校武术的定位及其教育体系的构建 [J]. 山东体育学院学报, 2008, 24 (9).

[92] 杨祥全. 中国武术思想史 [M]. 太原: 山西科学技术出版社, 2017.

[93] 杨向东, 刘瑞忠. 崇礼尚武: 论齐鲁武术的地域文化特色 [J]. 长江丛刊, 2018 (17).

[94] 姚承光. 把握实质不懈追求——姚宗勋先生关于芗老在站桩时摸索混元力的见解与创新 [J]. 搏击, 2013 (9).

[95] 张绰庵, 韩红雨. 中华武术谚语文化特征管窥 [J]. 上海体育学院学报, 2008 (6).

[96] 张峰. 学校武化教育的实施策略 [J]. 西安体育学院学报, 2017, 34 (5).

[97] 张峰. 学校武术教学改革实施策略 [J]. 上海体育学院学报, 2016, 40 (6).

[98] 张茂林, 邱丽. 学校武术课程改革的困境与出路 [J]. 山东体育学院学报, 2019, 35 (5).

[99] 张文会, 等. 发展性教育理论在交通运筹学教学中的应用研究 [J]. 煤炭高等教育, 2010, 28 (2).

[100] 张秀芬, 刘喆. 基于移动互联网自媒体平台的高校武术教学模式研究 [J]. 电子元器件与信息技术, 2018 (8).

[101] 张学政. 关东武术文化传承与高校实践教学结合的研究 [J]. 中华武术, 2020 (7).

[102] 张震. 身体知识的象言化: 传统武术 "即象感身" 的哲学论绎 [J]. 上海体育学院学报, 2019, 43 (4).

[103] 赵鸿磊. 翻转课堂教学模式在民办高校太极拳教学中的应用策略研究 [J]. 山西青年, 2021 (13).

[104] 赵莉. 翻转课堂下高校武术教学优化研究 [J]. 青少年体育, 2018 (11).

[105] 中共中央关于全面深化改革若干重大问题的决定 [N]. 人民日报,

2013-11-16（01）.

［106］周向前. 解密大成拳［J］. 武魂，2013（3）.

［107］周志勇. 中国武术教育的理论与实践［M］. 北京：北京出版社，2016.

［108］邹师，冯火红. 我国普通高校武术俱乐部的类型与特色研究［J］. 北京体育大学学报，2003，26（1）.